極簡日常心理學

51個生活迷思
秒速認清

韋志中、余曉潔 著

萬里機構

目錄

第一章 戀愛心理學

迷思01 親密關係中缺乏安全感，該怎麼辦／8
迷思02 有些人為甚麼一不合適就分手／10
迷思03 「日久生情」的心理學解釋／13
迷思04 心理學家怎麼談戀愛／15
迷思05 女人為甚麼喜歡「壞壞的」男人／19
迷思06 女孩為甚麼喜歡挽男朋友的手臂／22
迷思07 女生的戀愛暗示／25
迷思08 如何婉拒別人的表白／28

第二章 婚姻心理學

迷思09 為甚麼單身愈久愈不想結婚／32
迷思10 婚姻中常常感到孤獨怎麼辦／36
迷思11 夫妻間的冷戰，如何化解／41

迷思12 甚麼情況下可以考慮離婚 / 45
迷思13 夫妻離婚要不要告訴孩子 / 49
迷思14 一份感情真正的價值是甚麼 / 52
迷思15 婚姻中沒有性，還有必要繼續下去嗎 / 54

第三章 家庭心理學

迷思16 為何父母的愛卻換來孩子的恨 / 58
迷思17 如何看待孩子犯錯誤 / 62
迷思18 孩子害怕夜晚怎麼辦 / 64
迷思19 孩子不願上學怎麼辦 / 66
迷思20 如何應對憤世嫉俗的孩子 / 70
迷思21 為甚麼較貧窮家庭的孩子容易出人頭地 / 72
迷思22 「好人」和「乖孩子」易抑鬱是真的嗎 / 74

第四章 社交心理學

迷思23 有社交焦慮怎麼辦 / 78
迷思24 如何看待社交中左右逢源的人 / 80

迷思 25 人緣好的人都有哪些特徵／82
迷思 26 不懂得拒絕別人怎麼辦／85
迷思 27 聊着聊着就陌生了嗎／88
迷思 28 為何對最愛的人說最狠的話／91

第五章 生活中的心理學

迷思 29 小時候被人欺負，長大後會有心理創傷嗎／96
迷思 30 從吃飯能看出人品嗎／100
迷思 31 愈沒本事的人愈固執嗎／104
迷思 32 喜歡冷戰的人背後是甚麼心理／109
迷思 33 退一步真的海闊天空嗎／112
迷思 34 為何有些人總是會自動代入受害者視角／116
迷思 35 一個人在甚麼時候最容易暴露本性／121
迷思 36 為甚麼年輕人頻繁跳槽或乾脆不工作／124
迷思 37 「大難不死，必有後福」是真的嗎／128

第六章　個人成長

迷思38　內向的性格一定不好嗎 / 134
迷思39　如何培養健康的性心理 / 140
迷思40　如何建立信任 / 143
迷思41　充實感如何產生 / 146
迷思42　如何每天都開心 / 149
迷思43　人要經歷甚麼事才算真正的成熟 / 152
迷思44　怎樣克服自卑心理 / 155
迷思45　如何告別「窮忙」 / 158
迷思46　如何擺脫「操心的命」 / 161
迷思47　如何管理自己的情緒 / 165

第七章　心理疾病

迷思48　心理疾病是「權宜之病」 / 172
迷思49　為甚麼很多年輕人會患抑鬱症 / 176
迷思50　抑鬱症到底讓人有多痛苦 / 181
迷思51　人為甚麼會患上精神病 / 186

第一章

戀愛心理學

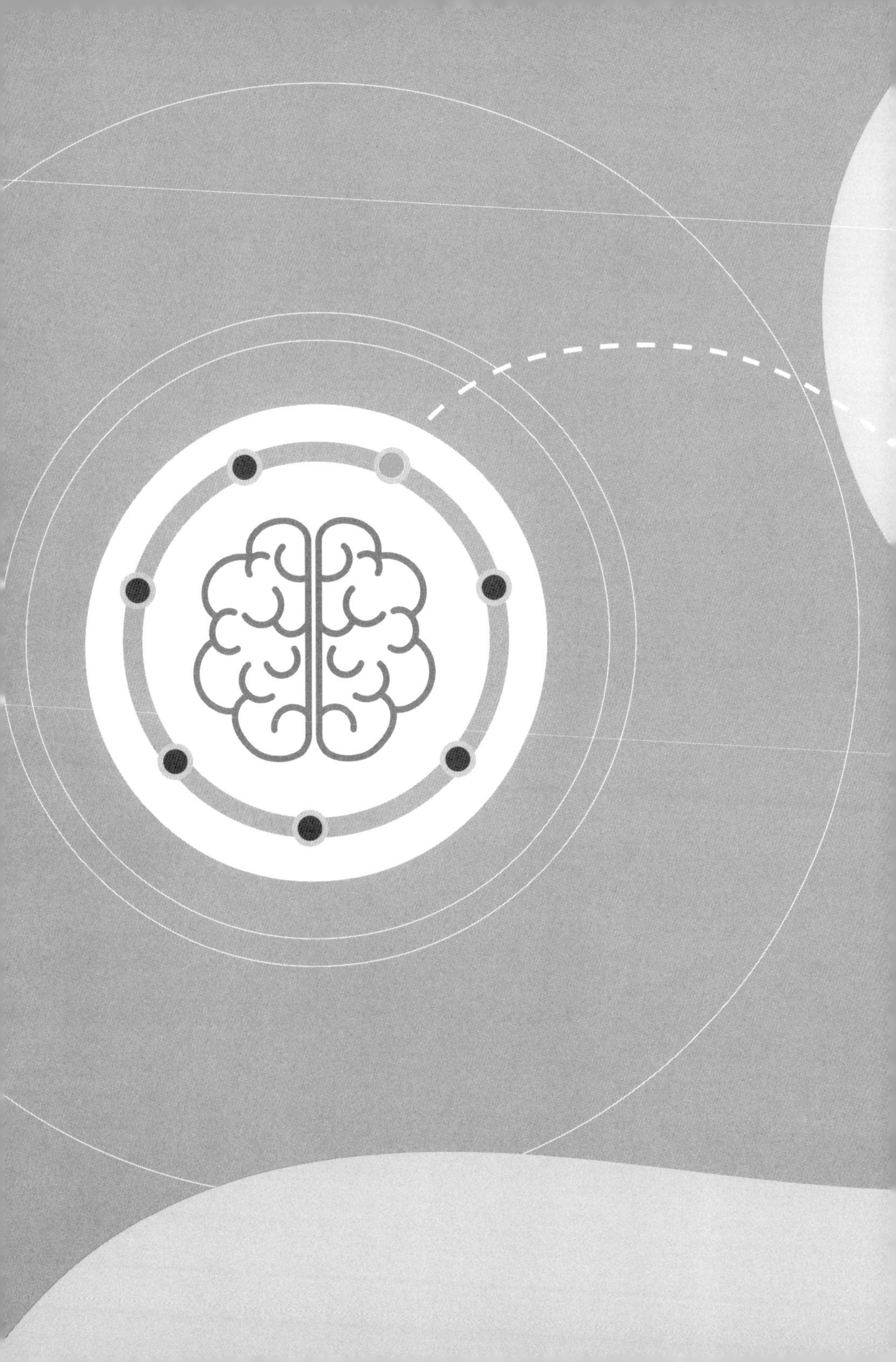

迷思01

親密關係中缺乏安全感，該怎麼辦

在親密關係中缺乏安全感的人，有時候會比一般的人多做一些確認的行為。但是這種確認有時候會讓對方感到有壓力，對方的不舒服在互動中也會影響自己，於是親密關係就會出問題。其實這些懷疑我們可以從兩個方面解決：自我確認與他我確認。

一、自我確認

自我確認的第一步就是在內心不斷地告訴自己：正是因為自己身上有別人欣賞的東西，別人才願意跟我相處，才會愛我。心理學上把這種方式叫作自我暗示，積極暗示自己是值得被愛的，自己是有價值的。如果我沒有價值，他為甚麼會對我好呢？他為甚麼會選擇跟我在一起？他沒有離開正是因為我有價值！第二步就是找出一些證據來證明自己是有價值的。比如在工作上，我確實做出了一些成績，這也是一種自我確認。

二、他我確認

對於在親密關係中沒有安全感的人，就不要再找一個沒有安全感的人，而是要找一個非常有自我肯定的人，也是願意去欣賞和愛別人的人。他的情緒是穩定的，人格是健全的，因為他有足夠的定力，所以他可以給你療傷，療傷的方法就是給你輸入正能量。他平時會主動給你關懷、愛和溫暖，即使你在確認的時候做出一些不恰當的行為，也不會影響到你們的關係。所以在進行他我的確認時，你首先要找對人。

如果你不能自我確認，可是為了達到確認的目的，整天通過別人來進行確認，那麼即使他是一個內心強大堅定的人，時間長了也受不了。所以你的自我確認要完成，就必須要不斷地強大，不斷地成長，當然也需要對方在外部給你支持和力量。

迷思02

有些人為甚麼一不合適就分手

在回答這個問題之前，我們先來談談「不合適」這個概念。不合適主要有兩種，一種是真的不合適，即雙方身上的優點不被彼此欣賞和珍惜，兩人不能產生相互吸引；另一種是假的不合適，即彼此還很在乎對方，但主觀上感覺對方不再喜歡自己，可能會隨時拋棄自己，這種不合適是自己臆想出來的。而這裏的「不合適」是假的不合適。

真正的不合適涉及三觀問題：古時候婚姻關係中的門當戶對，即是價值觀的統一，社會地位、社會交往的一致，這也是一種文化的融合和認同。隨着時代的發展和社會的進步，人與人之間越來越沒有階級和地位之分，人們的身份標籤已越來越淡。但是「門當戶對」還是存在的，這是心理層面的「門當戶對」，即在心理層面有精神的契合。

「為甚麼有些人戀愛一不合適就分手？」分析前，我們先來了解一個詞——「先說再見的人」。生活中有一種人，他們會先說再見。比如在火車站送人，火車剛一開，他們一擺手，就轉身走了。因為他們害怕眼淚掉下來，害怕被別人發現分離的悲傷和焦慮。

在人際關係中，我們一般把這種現象歸為禮儀問題，其實更多涉及的是心理依戀狀態。有一些人內心有安全感，可以等所有人都離開才轉身離開；內心沒有安全感的人，依戀水平比較低，就不能等到別人先說再見，因為他們會有被拋棄的感覺，所以當對方告別的話還沒有說出口時，他們就搶先說了「再見」。

心理學家把依戀分為三種類型：安全型依戀、迴避型依戀和焦慮反抗型依戀。

一、安全型依戀

這類人對於親人和朋友的離開，沒有強烈的不安全感反應。不管別人先說再見還是自己先說再見，都是可以的。

二、迴避型依戀

這類人對於親人的離開，會採取無所謂的態度。心理學家測試此類兒童在媽媽離開時的焦慮分數時，發現他們的分數很高，因為他們心裏很恐懼、很焦慮，不想媽媽離開。但是他們迴避，對媽媽的離開不做出任何反應，假裝媽媽沒有離開自己，這其實就是不接受現實。如果在親密關係中遇到這類人，我們就會發現他們特別能忍，即使內心已排山倒海，但表面上仍雲淡風輕，所以很難聽到他們的道歉，他們最擅長的就是冷戰。

三、焦慮反抗型依戀

一不合適就分手的是焦慮反抗型依戀的人。焦慮反抗型依戀的兒童時刻警惕媽媽的離開，對於媽媽的離開極度反抗，他們會大哭、摔東西甚至用身體撞牆。所以在家庭暴力中，那些摔東西自殘的人，屬焦慮反抗型依戀型。有些人不明白戀人為甚麼會突然爆發，其實是他們感到自己可能會被拋棄。這時候你只需要告訴他：「你不用擔心，我現在所有的這些行為，都不會改變我們的現狀，我會一直愛你！」

所以我們要搞清楚自己屬哪一種依戀，對方屬哪一種依戀。如果你愛上了「一覺得不合適就要分手」的人，你和他相處時，要用語言、用肢體告訴他：我是愛你的。這樣他就不會先說再見。

迷思03 「日久生情」的心理學解釋

為甚麼會日久生情，從心理學的視角來看，可以從三個方面進行解釋：進化心理學、社會心理學和文化心理學。

一、進化心理學的解釋

進化心理學的研究表明，人的第一本能是生存，是生命的延續，然後才是繁衍和發展。很多時候我們以為尋找伴侶是為了追求快樂、享受依戀，但其實依戀和喜歡都不是最主要的，最主要的是我們是否在這份感情中獲得安全感，我們是否不會受到傷害。

從兩性的依戀成本來看，愈熟悉對方，他給我帶來的安全性愈高。選擇他，其實是符合我的生存和發展利益的。所以，人們在進化過程中，就發展出了一種本能：要和熟悉的人多產生感情。

二、社會心理學的解釋

在社會心理學中，存在一種曝光效應，它是一種心理現象，指的是我們會偏好自己熟悉的事物。對人際交往吸引力的研究發現，我們見到某個人的次數愈多，就愈覺得此人惹人喜愛、令人愉快。所以，若想增強人際吸引，就要提高自己在別人面前的熟悉度。經常和一個人見面，會增加他對你的好感，時間一長，感情也就萌生了，這就是所謂的日久生情。

三、文化心理學的解釋

從文化心理學來講，外部的世界是由內心構想出來的。正所謂日有所思，夜有所夢，夢其實是另一種想。例如，我和一個人相處愈長，在心裏對他的掛念就愈多。他的日常喜好、一舉一動，我都會關注到。我想得最多的人最容易佔據我的心理世界，之後還會慢慢佔據我的外部世界。

迷思04 心理學家怎麼談戀愛

許多人認為：如果和一名心理學家談戀愛，他就會立刻把我看穿。也有人認為：和心理學家談戀愛會更加幸福，因為他懂得傾聽我、愛護我。還會有人認為：和心理學家在一起，那是萬萬要不得的，這種人太危險。

其實上面三種觀點，有恰當的地方，也有對心理學家的偏見。

作為心理學研究者，他們對人心、對人際關係往往有更科學、更客觀的認識，同時他們對自我的認識和了解水平也會比較高。簡單來講，相比一般人，心理學家對他人、對社會了解得更深，看問題更客觀，同時對自己的了解也會比較全面和深刻，這是上述觀點中的恰當部分。

不恰當之處在於，即使他是一名專業心理學工作者、對自己的了解很深，但這並不能說明他在親密關係中就可以得心應手。人類的感情很複雜，既有生理上的刺激和反應，也有心理上的變化。

一、真誠

人們一開始戀愛是沒有套路的。大家都真誠相待，喜歡就是喜歡，不喜歡就是不喜歡。但是隨着經濟的發展和文明的進化，人們的思想也在慢慢進步，於是就出現了一些改善兩性關係的輔助媒介。以前人們談戀愛只要表達自己的心意就好，現在不僅需要表達自己，還需要關注對方的內心想法。前者屬原始的純真，後者就是技巧性的輔助，就是我們所說的套路。

心理學家很容易捕捉到對方的想法，他會根據對方的心情靈活變換。心理學家在不用套路的情況下，可以說十句自己內心的真實感受，而一般的人可能只說三句。我們對心理學家有一個誤會：我們覺得他知道得多，他能夠讀心，他有技巧，所以他可能比我們的套路多，他會比我們更會談戀愛。這其實是錯誤的。恰恰因為他是心理學家，他本真的東西會多一些，套路的東西少一些。

本真就是所謂的真誠。真誠是能否幫助到別人，能否使別人更加幸福的很重要的能力。真誠的能力往往體現在溝通的過程中。有時候我們想把內心想法告訴別人，就需要真誠地訴說；有時候我們想去讀懂別人，就需要去傾聽、共情，這也是真誠。真誠有兩個方向：對自己真誠、對他人真誠。我對自己的真誠，我感覺到了，愛人也能感覺到；

我對愛人的真誠，愛人感受到了，我也能感受到。

二、尊重

今天的社會，人人都渴望被看見，渴望被愛，渴望被尊重。一般人容易犯兩種認知錯誤：我是最好的，別人都沒有我好！或者別人都是對的，我完全是錯的！這兩種認知都是病態的表現。

前一種病態是自大、自以為是、以自我為中心，這會導致一些問題，如人際關係不好、親密關係不好，自己也不快樂；後一種病態就是自虐、不喜歡自己、自卑。別人不會喜歡這樣的人，自己也沒有獲得價值感，親密關係自然也不會好。當我們既能夠認同自己，也能夠認同別人時，我們才會尊重別人。比如別人做的一些事情，我不太喜歡，但我會覺得那是他的選擇，他有權利去決定自己的事，我沒有權利去阻止，我要尊重他。

尊重是一種心理能力。心理學家往往對自己了解，對別人也了解，所以他會更容易站在對方的立場來看待事情，看待自己，所以他尊重他人的能力就比較強。其實真誠的能力就是相愛的能力，尊重的能力就是相處的能力。相處要靠尊重，心理學家在這方面優於常人。

三、熱情

心理學家有持續熱情的能力。只有當人們有熱情時，才會去着手做某事，愛情也不例外。在戀愛中，生理上的荷爾蒙的分泌，就是一種原始的熱情，心理上想要擁有對方，就是一種關係的熱情。但熱情像一團火，燃燒完就熄滅了。

在戀愛關係中，雙方都要不斷地去創新，不斷地去創造花樣，這樣兩個人的感情才會持續升溫。這種能力就是熱情的能力。要擁有讓熱情持續不斷的能力，就要不斷提供燃料助燃，這就是創新的能力。在這方面，心理學家是有優勢的，因為心理學家生活和工作的特點，就是要不斷地超越自己，自我成長是心理學工作者一個必不可少的功課。

從以上三點來講，和心理學家談戀愛，他會帶你「飛」——成長，從此你就踏上了自我心靈成長的旅程。如果你享受這種心理成長，你就不會有壓力；你不享受，就會出現問題，所以你要做好心理準備。

當然每個人都和心理學家談戀愛，幾乎是不可能實現的事，但至少可以給我們的一個啟示：所有的人都可以做自己的心理學家，都可以提升自己真誠的能力、尊重的能力和熱情的能力。如果三種能力都有了提高，那我們每一個人的戀愛都是可期待的。

迷思05 女人為甚麼喜歡「壞壞的」男人

女人為甚麼喜歡「壞壞的」男人，這就需要從「壞壞的」男人的優勢說起。

一、他們很浪漫

「壞壞的」男人往往很浪漫。他們主意多，有情趣。女人天生是注重情感的，所以浪漫的男人就很容易打動女人的芳心，對女人來說，會浪漫有時候要比其他能力重要得多。這種男人能夠給女人帶來驚喜，帶來心動，帶來甜蜜和浪漫。

二、他們知女人心

「壞壞的」男人會給女人帶來一種存在感和驚喜感，因為他們懂得如何抓住女人的心，知道女人喜歡甚麼、不喜歡甚麼。摸清了女人的喜怒哀樂後，他們就會投其所好。雖然這男人表面上顯得不正經，但對她可是真的好到沒話說，並且他還會時不時地製造驚喜，女人就會產生幸福的感覺。

三、他們會用心

「壞壞的」男人雖然表面看上去各種不靠譜，但一旦動起情來卻很認真。他們會全身心地為對方考慮，甚至有可能會以「自己不能給對方幸福」來拒絕女人的愛意。反而有些平時很正經的人，在愛情觀上，卻是以自我為中心的。

四、他們會「撩人」

「壞壞的」男人可能一見面就會送女人玫瑰，為女人唱情歌，擁女人在懷中。他們的感情世界是自由的，愛就去做，喜歡就搭訕，沒有那麼多顧忌。肢體接觸往往比甜言蜜語來得更受用，當女人生氣時，給她一個擁抱往往比講道理來得更有效。「壞壞的」男生在肢體接觸上會比普通男人來得更迅速和猛烈，他們平時做的那些小動作、小曖昧，就足以表達了他的用情至深。

五、他們有個性

「壞壞的」男人往往比較獨特、不平庸，是很有個性、很有魅力的人。他們有一種獨特的個性，這種個性不是任何長相可以掩蓋的，雖然現在可能是看臉的時代，但是那種獨特的個性或氣質，仍然可以讓「壞壞的」男生在人群中熠熠發光。所以，個性是「壞壞的」男人的優勢，也是吸引女人的籌碼。

作為男人，你是「壞壞的」男人嗎？你想做「壞壞的」男人嗎？你會被怎樣的女人吸引？作為女人，你心目中「壞壞的」男人是怎樣的？你會被他們吸引嗎？被他們哪點吸引？女人為甚麼喜歡「壞壞的」男人呢？相信以上五點，會給你不一樣的答案。

迷思06

女孩為甚麼喜歡挽男朋友的手臂

女孩為甚麼喜歡挽着男孩的手臂？挽手臂是一個功能性的行為，它既可以滿足某種心理需求，也可以實現某個目標，接下來，我們從六個方面來探討挽手臂的心理學解釋。

一、安全感

美國著名的心理學家馬斯洛認為，人類需要像階梯一樣從低到高按層次可分為五種，分別是：生理需要、安全需要、社交需要、尊重需要和自我實現需要。人有一種心理需要，他需要被保護，需要有一種依戀。女孩要在男孩身上找到安全感，可以通過行為來證明這個安全感是存在的，通過挽手臂來獲得安全感，獲得心理依戀。

二、資格感

一個人走在路上的時候，我們很少知道他的歸屬在哪裏。從男女兩性愛情的角度來說，這個歸屬感是非常重要的。資格感其實可以把它理解為是一種領地、主權，一個女孩挽着男朋友手臂的時候，其實等於她在宣誓：這是我的男朋友，你們都不能碰他。這是在宣示自己的主權，宣示自己的地盤。挽手臂的這一行為，雖是宣示主權，但歸根結底，還是愛情的表現。

三、一種表達

當我們無法清楚自己的想法時，往往身體快於言語，我們會採用一些牽手、親吻、挽手臂等方式來表達自己的內心想法。挽手臂這個動作，其實就是女孩對男孩的一種情感表達。此刻她就想依偎在他身邊，就想離他更近一些，這就是一種情感的需要和表達。

四、警告的功能

你會發現，男孩和女孩戀愛後，如果雙方共同參加一些活動或聚會，這個時候，他們往往會做出一些警告的行為。例如，如果女孩發現別的女孩正在和自己的男朋友搭訕，她就會突然走到男孩身邊，挽着他的手臂。女孩的這種反應不能簡單地理解為小心眼，這種行為的背後，除了宣示主權外，也是在警告自己的男朋友：你是我的男朋友，不要到處搭訕人。

五、撒嬌的功能

女孩挽着男孩的手臂，其實就是渴望男孩的關注，是女孩對男孩撒嬌的一種表現。如果女孩渴望男孩的關注，就會做出一些撒嬌的行為。

六、性暗示

性不單單指性行為，其實很多時候，我們的一些小行為都有性暗示成分。這種暗示行為在日常生活中是多種多樣的，對有些人來說，挽手臂其實就是一種性暗示或者是一種性滿足。

我們主要從以上六個方面來解讀女孩為甚麼喜歡挽着男孩的手臂，這種功能性的行為可以滿足很多心理需要，這都是非常正常和普遍的事情。所以，對戀愛的女孩來講，如果想挽着男朋友的手臂，大膽地去做就對了。

迷思07 女生的戀愛暗示

女生的哪些暗示，可能說明她想和你談戀愛？

一、肢體的接觸

大家都知道，男女授受不親。當一個女孩對一個男孩做一些肢體的接觸，比如摸摸他、碰碰他、捶捶他這類動作，說明已經對他產生了親近感，而且這個舉動背後還會有一種性的暗示。

二、問家人

當一個女孩詢問男孩家庭狀況時，就表明她有想和他交往的心理。也許連她自己都不清楚她已啟動了這個模式，但是背後的心理是騙不了人的。

三、興趣愛好

當女孩向男孩詢問興趣愛好時，實際上她正在心裏琢磨着一些事，比如我和他是不是興趣相投、價值觀符不符合等，這種匹配心理其實是人的一種戀愛本能。在戀愛中，大多數人願意找興趣相投的，社會心理學的研究表明，人們喜歡和自己一樣的人。

四、訴說煩惱和心事

當一個女孩向男孩訴說煩惱和心事時，她可能已經對他有意思了，就算沒有意思，至少已經存在信任。戀愛一定是從信任開始，她向男孩敞開心扉，就是她已經對男孩產生了基本的信任，而且她已經把這種基本的信任付諸了行動。

五、挽留

兩個人一起去做一些事情，或者參加一些活動。當男孩要走時，她會說：「不要那麼快走嘛。」她說這話其實是在挽留男孩，是在暗示男孩，她不想那麼快和男孩分離，這可以看出她對男孩印象很好、有好感。

六、約你看電影

如果女孩約男孩去看電影，就意味着約會。在電影院中，一般兩個年齡相當的異性在一起，大概都是情侶關係。女孩約男孩看電影，就說明她喜歡這個男孩。

七、詢問住宿情況

女孩如果向男孩打探住宿情況，例如問「你住在哪裏，和誰一起住？」時，其實是在摸清男孩的底細：有沒有女朋友，有沒有親密關係等。如果沒有，女孩就會採取下一步行動，否則女孩也就會停止幻想。這是一種非常明顯的暗示。

迷思08 如何婉拒別人的表白

如何委婉地拒絕別人的表白？在男女親密關係中，這是一種常見的現象。雖然看起來是個小問題，但如果處理不當，也會影響自己或者困擾他人。看似簡單的小問題、小現象，其實背後反映了我們各方面的能力和素質。

當別人對自己表白，我們的婉拒既要不得罪別人，不給別人難堪，又不難為自己，這是一種能力，這需要勇氣。因為這涉及告訴別人之後，別人怎麼看自己，這包含突破自我的成分。這很符合積極心理學，既保留了別人的面子，也保留了自我，邊界非常清晰。

一、不要曖昧不清

如果你真的不喜歡對方，那對方向你表達喜歡或者想要跟你相處交往，或者是向你求愛的時候，你一定不能曖昧。你曖昧，實際上也給別人帶來了困擾。別人都不知道你是甚麼意思，今天你說可以，答應了別人，明天又不願意了，這就很麻煩。反映了你在人格上、心理上不那麼完善，患得患失和矛盾猶豫，這些都是性格的弱點。

二、態度真誠

要真實地說出自己的感受和觀點，真誠是既尊重自己，也尊重別人，尊重別人反過來就是尊重自己。心理諮詢中經常有這樣的案例，尤其是親密關係方面的案例。有些人抱怨別人總是侵犯他的意志。他不想幹的事情，別人總想讓他幹，總是強迫他的觀念，以一個受害者的姿態來傾訴。為甚麼別人會去欺負他們，會去侵犯他們的意志，會強迫他們的觀念呢？可能就是他們給了別人這樣的機會。

他們在一開始的時候沒有真誠，首先對自己沒有真誠，沒有尊重自己的內心向別人去表達，然後也沒有給到別人真誠，他們的邊界不清，處理不嚴謹，別人才會有機會下手。

有些人總是有受害者心理，在情感關係裏面總是處於弱勢，總是被人欺負，被人傷害，其實從某種意義上來講就是個性層面有不完善的地方。不要小看這樣一個委婉的拒絕，拒絕別人時不要讓別人尷尬，也不要為難自己，這就真的需要一定的心理素質和心理技巧了，在這個過程中也是你人品及各方面能力的體現。

在這些追求者中明明白白地表達自我，劃清自己的界限，做一個真誠的人。一個真誠的人才能擁有美好的愛情。

第二章

婚姻心理學

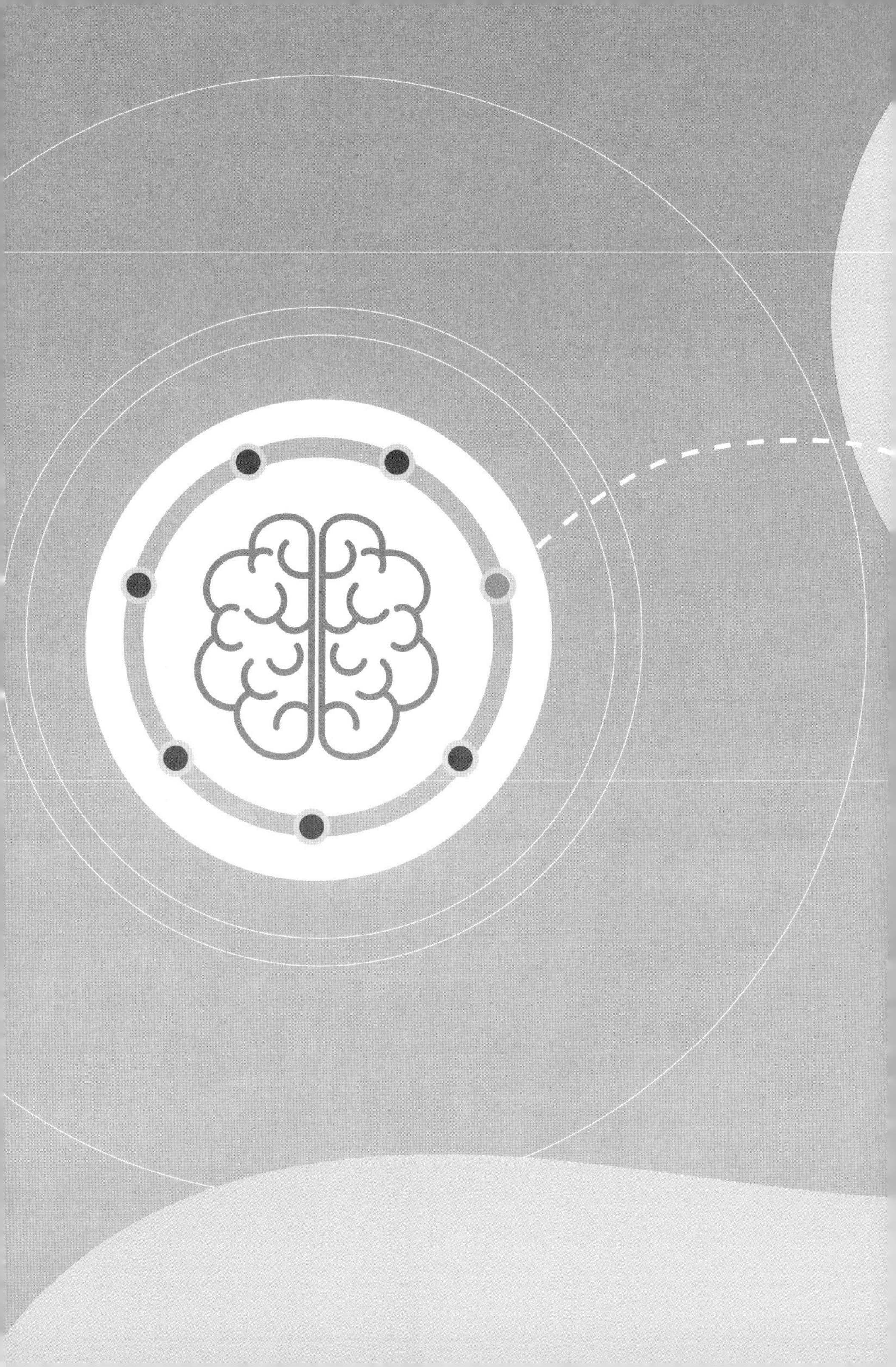

迷思09

為甚麼單身愈久愈不想結婚

為甚麼單身愈久愈不想結婚？這可能和婚姻恐懼症有關。

一、不良體驗作祟

很多人在結婚之前不只有一段感情，每一段感情也不可能都很順利。當我們在感情中經歷挫折時，就會有一些不良體驗，影響我們對婚姻的看法：我們不再相信愛情，不再相信這個世界上有美好的感情。

不良體驗的深度不同，對我們的影響也就不同。如果是輕微的不良體驗，可能只會影響我們的行為；深一些，就會影響我們的個性和價值觀；再深一些，就和我們整個人生的幸福掛鈎了，可能我們就不想結婚。

那麼，如果一個人過去沒有經歷過情感創傷，但也害怕結婚，這是甚麼原因呢？不良體驗的來源主要有兩個，一個是自己的親身經歷，另一個就是替身經歷，即從外界中獲取經驗，從而進行體驗。比如父母從孩子懂事起就一直在吵架，這些雖然不是孩子親身經歷的婚姻，但是他們卻真真實實體驗到了。

不良體驗有沒有親身經歷並不重要，關鍵是有沒有體驗到。我們通過體驗會形成自己的價值觀和婚姻觀，從而形成親密關係的相處模式，不想結婚的人可能就存在不良體驗的情感創傷，對婚姻存在恐懼感。

二、婚姻合作能力弱

婚姻其實是一種合作，這種合作分為經濟合作、社會合作和心理合作。

1 經濟合作

大家一起賺錢，一起生活。

2 社會合作

繁衍是人類的一大問題，而結婚才能完成這個任務。不管你有沒有疾病、有沒有心理困惑，只要你還沒結婚，就是不正常的，這種看法是社會的評價。

3 心理合作

我們需要跟他人建立一種依戀的關係，需要在關係中確認自己是不是有價值，我們在心理上的自我認同和安全感需要在與他人的互動中、結合中、相處中去獲取，而親密關係和婚姻就能令我們在心理上得到滿足。

在婚姻中，不管是經濟合作、社會合作還是心理合作，合作都是雙向的，都是平等和雙向的。婚姻關係中的合作能力是需要強密度、深層次和高要求的，對一些合作能力比較弱的人來說，婚姻是一種危險的關係，是一種很難維持的關係。

很多人在成年後的親密關係中適應能力很差，其實從一開始他們可能就是心理發育不良的人，他們從一開始就不知道怎麼與別人相處。合作能力喪失的人，不是不想結婚，而是結不了婚。他們知道自己很難與他人相處，所以乾脆就不合作了，變成了單身主義者。

三、享受孤獨和自由

有些人單身久了，可能就不想結婚，因為他們享受到單身的快樂狀態。按照馬斯洛的需要層次理論，人的低級需要是生理需要，就是吃喝拉睡這些生存本能的需要。第二級需要是安全需要。接下來的是尊重這種社會屬性的需要，就是人們有沒有被愛、被尊重、被看見。最後是自我實現的需要，其中就包括了一種生命自由的狀態。

一般的人在追求甚麼？生理和安全感。中間層次的人在追求甚麼？社會依戀、尊重和滿足。高級的人在追求甚麼？自我實現。

單身久了不想結婚，就是當一個人和自己相處時已經滿足了全部的需求，不需要借助外人或外物來為自己的生存保駕護航，對一些人來說，這就是人生的至高享受。

婚姻中常常感到孤獨怎麼辦

人生是一次旅行，在這次旅行中我們一個人上路、一個人離開。人生的旅程本就是一場孤獨的旅程，在這段旅程中，我們會遇到一些重要的人，他們會在人生的不同階段陪伴我們，比如父母、孩子、愛人。但是，無論他們陪伴我們有多久、陪伴的深度如何，都無法改變我們的人生旅程需要由自己來完成，他們只是陪伴者。

一、分清孤獨和孤獨感

孤獨和孤獨感是不相同的。我們通常說的孤獨主要是指我們的孤獨感，是我們在某些時候體會到的一種不良情緒體驗——一旦外部的世界沒有依附的時候，我們就會恐慌，就會產生失落和孤獨感。

孤獨則是一個人與自我、外界和諧相處，自己享受當下的狀態，到達這種狀態的人，不再渴求別人看見自己，自己能感受到自己的存在；不再渴求別人認可，自己能感受到自己的價值。

二、了解婚姻的功能

婚姻有三種功能，也可以說是有三種層次和境界。

1 合作、生存和繁衍

婚姻第一個層次的功能是合作，作用是生存和繁衍。但在人類社會的最初，我們無法獨自生存，我們要繁衍後代、傳承生命，所以需要與他人（即配偶）合作。

2 社會的功能

社會心理依戀的需要就是社會功能的一個層次，這時人們的重要目標是發展和幸福。不僅只是生下來、活下來、長大成人，還要在這個過程中不斷地發展進步，包括人類文明的進步、自身的發展，而且還要追求快樂。婚姻的第二功能就出現了：要感覺到自己是有價值的。否則我們就沒有安全感，會感受到很痛苦、很孤獨。

3 滿足精神層面的需求

精神層面就是最高的層次，我們要尋找靈魂伴侶。這個層次我們要達到的目的是成長與修行，我們要在這個過程中超越自我，但有時候單憑一個人是做不到的，所以除了獨自修行還可以尋找陪伴者，就是找伴侶。在社會中，我們首先滿足了第一、第二層次需求，然後又可以達到最高層次的靈魂伴侶狀態，這就是最滿意的婚姻，最好的狀態。

三、理解「和誰過都一樣」

現在有很多人是滿足了最低層次功能的需求，而第二、第三層面的需求滿足不到，或者已經達到了第一、第二個層次而安於現狀，不再追求第三個層次。所謂在婚姻中痛苦的人，其實是他的精神層面已經達到了一定高度，但他們自己的能力不夠，又渴望更高層次的婚姻質量。其實「和誰過都一樣」這句話既是對的又是不對的。

1 「和誰過都一樣」是對的

其一，無論和誰在一起，相處過程中都會遇到一些問題，這就是我們在人格上、心理上、自我成長等方面遇到的挫折，和誰在一起互動都會暴露出來我們沒有成長好的部分。反過來，只要我們成長得完美，就會遇到更完美的人或者發生好的事情。

其二，無論和誰在一起都是一個合作、一場修行，都是一種社會功能的體現，是可以相互促進和影響的，和誰在一起都有機會使自己成長得更好。

其三，在兩性關係成長中，無論我們和誰在一起，一定會有各種各樣的問題，只是問題出現的形式不一樣。關鍵是如何化解，如何共同面對。

2

「和誰過都一樣」是不對的

其一，無論和誰在一起都是為了成為更好的自己。有的人就是能夠促進你成長，讓你提升；有的人你跟他過了幾十年，也沒有在人格、心理、生命的質量、靈魂的境界上真正對你有促進。所以從修行和成長的角度來說，我們要找一個對我們有幫助的水平高的人或是彼此相互促進的人在一起，而不是「和誰過都一樣」。

其二，婚姻的最高境界是靈魂伴侶。我們要找那些心靈自由的、人格健全的、心理健康水平高的人，他們對我們沒有破壞和傷害，甚至給我們帶來愛和溫暖，促進我們成長。

其三，成長是改變的可能。有的人在婚姻中遇到問題了，會問「是離開還是不離開？」、「我這樣做是對還是錯？」我們要思考和明白一個道理，使我們婚姻的本質真正發生變化的是個人的成長和彼此的成長。如果我們沒有成長，那改變就是假的改變。如果一方改變了，另一方沒改變，那麼改變的一方就會超越對方。

四、接受自然而然分離的婚姻

其一，你成長了，對方沒有成長，婚姻就自然地結束了，這種結束就是真正的改變。

其二，我們衡量一段婚姻應不應該結束，是對還是錯，是要看它是不是自然發生的分離。如果它是自然發生的，這個自然的前提就是有一方成長了或者是雙方都成長了，覺得不能夠彼此相互促進對方了。這個時候的分開不會造成傷害，不會在過後仍有糾纏，甚至彼此會祝福對方。在現實中，很多婚姻的解體是因為多種原因，放棄、逃避或者選擇攻擊、傷害，都不是自然而然發生的。

其三，當我們都成長到一個層次時，發現彼此不願再互相促進，也不能促進而自然地鬆開了彼此的手，那個時候就是自然發生的分離。

所以，在婚姻中，當有孤獨感和各種痛苦時，我們不是要考慮應該怎麼做或者怎麼做才是對的，而是首先要考慮怎樣成長自己。

迷思11 夫妻間的冷戰，如何化解

冷戰就是「冷」和「戰」的集合。

一、「冷戰」新解

我們先來說一下「冷」。當我們內心的「溫度」比較熱的時候，我們就說這個人是熱心腸；冷的時候，就說這個人冷酷無情。冷和熱有好壞之分嗎？沒有，因為這只是事物的一個表現形式。

有的人可能相對來說沒有那麼熱情，但是並不代表他跟你相處的時候不會愛，不會照顧和關心你；一個熱情如火的人，也不一定就是言行一致、懂得愛人的。這都是性格使然，無所謂好壞。

冷戰裏的「戰」字，就說明「冷」是我們和對方戰鬥的一種武器——我們通過「冷」達到想要的目的和效果，或是讓對方知道痛、知道我們的存在，讓對方屈服等等。

二、「冷」之兩大奇功

金庸在小說中提有兩大奇功，一種是陽，一種是陰，陽就叫「九陽神功」，陰就叫「九陰真經」。這兩套功夫，其實沒有好壞，都是至高無上的武功。

在中國的太極文化中，兩者是相互辯證的關係。如果一個人內心有一團火，練「九陽神功」是沒有多大問題的；但如果一個人內心比較偏激和冷，練了「九陰真經」就可能會做出不利於他人的事情。

1 「九陽神功」

即是用愛、熱情、真誠去和對方相處。如果對方不理解做出一些行為傷害了你，你會以德報怨，用愛、用溫暖、用正能量、用功力化解對方的戾氣。

2 「九陰真經」

練「九陰真經」的人出的都是陰柔的招數，都是狠招數，例如九陰白骨爪、摧心掌、移魂大法。

第一種是「九陰白骨爪」，可能就是抓住對方讓對方動彈不得，讓對方就範，對方不得不聽我的。

第二種是練「摧心掌」。「摧」是「摧毀」的摧，「摧心掌」就是一掌拍到你的心上，讓你傷心無比，這就是摧心掌。常見在夫妻溝通中，就是你哪裏有傷疤我就打你哪裏。

第三種是「移魂大法」，就是讓對方失魂落魄。比如，在夫妻關係冷戰中，妻子知道只要自己離家出走，丈夫就會到處找她，找不到的時候，他心裏就會慌，一心慌就會失魂落魄。

三、化解冷戰三大奇招

要化解冷戰，我們就要把「九陽神功」和「九陰真經」配合起來，這裏我教大家三招。

第一招，心生善念。無論兩個人怎麼吵，內心一定要有善意，不要置別人於「死地」，要記住你們不是仇人，你們走到一起是共同的選擇。

第二招，積極行動。提高正氣固心神，每個人內心都有「心神」，所以不管是冷戰還是熱吵，積極行動就是做一些穩住自己心神的事情，如果因為別人而傷害了自己是得不償失的。

第三招，廣種福田。多做一些有利於改善夫妻關係的事，多做一些有利於自己人生成長的事，比如到社會上去幫助一些人，提高自己的正能量等。

迷思12 甚麼情況下可以考慮離婚

甚麼情況下可以考慮離婚？這不是一個容易回答的問題，因為任何人都不能準確地把握別人婚姻中的真實情況，只能提供相對客觀的建議。作為一名有婚姻諮詢經驗的心理諮詢師，我盡量客觀地從兩方面給大家參考。

一、忍無可忍

兩個獨立的個體一起經營家庭，彼此來自不同的文化，有不同的背景、認知、價值觀，彼此間出現意見不一致是不可避免的，關鍵是雙方在面對衝突時所持有的態度和方法。在婚姻當中，如果我們一直持有「一定要讓對方聽自己的」、「我的觀點一定是對的」、「我要改變對方」等這樣的態度，那顯然是不恰當的，接下來的行為也肯定是不合適的，最後的結果肯定不是自己想要的，甚至還會很難看。

所以在婚姻經營合作中，應該有一個字就是「忍」，雙方能夠容忍彼此的不同，能夠容忍對方不像自己那樣思考問題、處理問題和看待問題，能夠容忍對方所做出來的行為以及產生的結果……

「忍」不一定是消極的，也並不一定是難受的。「忍」就是「忍受」，這個「受」包含了很多含義。經營婚姻過程中，夫妻雙方要互相忍受，當我們提高了對對方的接納、寬容、尊重等心理能力時，我們就不再難受了。

「忍受」上升一個級別就是「接受」。原先對方和我們不一樣的地方，我們不再忍受、難受，而是接受了，允許對方和自己不同，在無傷大雅的情況下，尊重對方，求同存異，這個時候雙方衝突就會少了。

接下來，如果說我們不但尊重對方，而且還愛慕對方，和對方在一起生活，把他看成我們愛的人，享受和他在一起，享受被他照顧、照顧他的感覺，這時，那些原先我們看不慣的、不喜歡的事情，我們不僅接受，還會和對方一起去做。

總之，「受」是有三個層次的：一是忍受，二是接受，三是享受。如果我們能夠把兩個人之間的關係經營到這種程度，那就不存在受不了。從「忍受」這個角度來說，有很多夫妻沒有理解其中的深意，從一開始態度、方向、方法就錯了，以改變對方為方向或為了討好對方而改變自己；以讓對方就範，學習一些套路、招數、恐嚇、威逼、利誘等方法，而讓對方朝着自己想像的方向發展，這些都是方法上的錯誤。錯誤的態度就是在婚姻中不允許對方和自己不同，一定要去改變某些東西，不能接受和尊重對方。

二、下定決心

從哪幾個方面來說，我們是下定決心了呢？

1 離婚不是手段，而是決定

有很多時候，我們和對方離婚是使自己不再難受的手段，而不是決定。

2 能不能算清楚經濟賬

在離婚時，打官司、吵架、鬧得不可開交的有很大一部分原因是經濟問題。我們能不能在經濟方面做出讓步和妥協，比如，無論有沒有犯錯，我們都有敢於把所有財產給對方的心理。

3 愛情沒有情意在

夫妻之間的情感沒有了，但是仁義還在。這體現在我們不做一些傷害對方的事情，在任何場合都不說對方的不是。對對方沒有了任何仇恨和怨，這說明我們已經真真正正地放棄了這段婚姻。

4 徹底地放下了

如果有人不理解我們並在背後議論，但我們依然很坦然，這說明我們能夠放下及開始一段新的生活。

5 坦然

坦然是我們要接受一些事情的後果。如果我們有孩子，孩子因為不理解父母離婚而產生心理問題，這個後果我們能不能接受及做到坦然？

通過以上分析，很多在婚姻中的人是可以通過自己的成長而不去選擇離婚。健康婚姻是要建立在兩個人獨立、自由、尊重、合作等基礎上，這樣的婚姻一旦兩個人選擇了放手，那麼就好好地把問題解決再決定離婚，不放手就要在婚姻裏好好地學習和經營。

迷思13 夫妻離婚要不要告訴孩子

我認為夫妻離婚應該告訴孩子，下面從兩個方面來說明。

一、確定感

每個孩子在成長過程中都需要有確定感，這種確定感對獨立人格的形成、自尊及價值感的提升具有積極意義。夫妻離婚了，即使雙方裝得再像，孩子也可能會覺察到。因為孩子是非常敏感的，他能感受到父母的不對勁，但是又不能明確指出父母到底發生了甚麼。這種不確定感對孩子的心理發育和成長是不利的。

很多時候我們不是被壞事情打敗，而是被不確定打敗。人最怕的不是結果，而是不確定。在孩子的心理發育和成長過程中，我們要盡量讓孩子產生確定感，父母離婚，就是父母不在一起了；但父母不在一起了，並不代表父母不愛自己的孩子。

我們要告訴孩子：爸媽之間沒有愛情了，我們會努力追求各自的美好生活；不過，即使爸媽分開了，你依然是我們最愛的孩子，爸爸永遠愛你，媽媽也永遠愛你，我們都會像過去一樣，甚至比過去還要用心愛你。確定感一旦有了，那麼無論事情怎麼壞，其實都不是最可怕的。

我們不要自以為是地說對孩子好，不告訴孩子。有時候我們自私的愛，會讓孩子受到更大的傷害。也有人問我這樣的問題：當孩子多大時，我們可以告訴他父母離婚了呢？我認為：只要他能聽懂大人的話了，甚至聽不懂都不要緊，3歲也好，5歲也好，尤其是6歲以後的孩子一定要告訴他。因為他們需要知道，需要確定，有了知道與確定之後，他們才會慢慢地走出來。

二、適應

我們為甚麼不告訴孩子呢？很多時候我們是因為害怕給孩子帶來心理上的陰影、創傷。我們不能改變婚姻中的另一個人，有時候不得不選擇分開。分開之後我們的孩子可能會產生心理創傷，無論你接不接受，離婚對孩子的心理影響肯定是有的，只不過影響的程度不同。

請父母不要自欺欺人，一定要做好為自己的選擇付出代價的準備，不能因為自己逃避，也讓孩子去逃避。孩子要面對他所生長的家庭，要面對他的爸爸媽媽，也許他會悲傷、會痛，但這是他人生必須要經歷的，讓他適應他所經歷的痛苦、困難，是父母對他的尊重。

沒有一個人從小到大都是一帆風順、不經歷創傷的。幸福與不幸福的關鍵不是有沒有遇到問題，而是在他面對問題的時候有沒有勇敢接受，有沒有與問題同行，有沒有從自己的問題的廢墟上站起來，這是兩者根本的區別。

我們要相信，我們的孩子是一個獨立的生命，他們一定有一個美好的未來，一定有能力把創傷變為動力。不要幫他們去掩蓋、逃避，要相信他們一定可以從這個經歷中走出來。離婚不可怕，可怕的是我們能不能夠重新開始我們的生活。孩子也是一樣的，父母離婚不可怕，可怕的是不知道父母還會不會愛他。希望所有面對這樣問題的父母都能夠妥善處理。

迷思14 一份感情真正的價值是甚麼

我們可以從以下五個方面來看一份感情真正的價值。

一、心理的需要

人都有趕走孤獨感、獲得依戀、獲得安全感的需要，人離開了關係、離開了親密、離開了愛是一件很糟糕的事情，我們會失去幸福和快樂。因為親密關係可以滿足自己的心理需要，可以讓一個人不再孤獨。

二、實現社會功能的需要

人是有社會屬性的，比如合作、競爭等，兩個人在一起能夠使雙方獲得生存和成長，一段感情在一定程度上滿足社會功能的需要。

三、健康的需要

當我們吃飽、穿暖，不再貧窮時，就會把健康放到很重要的位置。一旦失去了健康，很多東西就無法掌控，隨之也會出現很多問題。

四、幸福、快樂、高級情感的需要

人不光要有基本需要的滿足，還要有高級需要的滿足。比如我們要覺得人生有意義、有價值，這恰恰是幸福最核心的部分，一份感情可以實現這些。

五、成長的需要

馬斯洛的需要層次裏有自我實現的需要。自我實現的需要就是自我成長，自我超越，「成為更好的自己」。每個人都有成長的需要，在一段感情中，對方就像是一面鏡子讓我看到自己，也讓我在愛與被愛的過程中成為更好的自己。親密關係可以幫助人成長的。如果一對夫妻彼此生活幾十年都沒能幫助對方成長，這可能不是一段好的感情。

無論你是已婚還是即將結婚，每個人都需要在這份感情中經營，成為更好的自己。

迷思15 婚姻中沒有性，還有必要繼續下去嗎

我以一個婚姻諮詢師的身份和大家談一談這個話題。婚姻中沒有性，我們需要搞清楚這是「天災」還是「人禍」。

一、「天災」：功能性的障礙

指的是功能性的障礙導致婚姻中沒有性，比如因為基因的遺傳或其他一些疾病造成的性障礙。在這情況中，兩個人都是天災受害者，都沒有性能力，那麼兩人在一起就不需要考慮生理的滿足，而只需考慮精神的、社會的、依戀的滿足，彼此相互協作。如果受害者只是一方，而另一方是正常的，這樣就容易出現婚姻問題，一方壓抑，另一方內疚，兩人的關係和心理健康也會受很大影響。

二、「人禍」：人為因素

兩個人有性功能，外部的條件都具備，可是因為人為的因素不能發生性關係。比如，兩個人的關係很糟糕，到了你死我活的地步，如果是這種狀態，我們先回答一個問題：是不是要這樣子不開心地過一輩子？答案肯定是不要。那我們就要想辦法進行積極的改善。如果夫妻兩人都不願意分開，但兩人一見面就吵架，彼此怨恨對方，這就導致了性生活沒辦法進行下去。**面對這種情況，兩人就需要積極地去應對，要進行專業的婚姻輔導與治療，治療師可以幫助我們走出這個困境。**

目前的無性婚姻或者婚姻質量不高的夫妻，常常採用的方式就是等，要麼期待奇蹟發生，要麼接受現在的狀態，一輩子就這樣了，對於後者，婚姻即使無性也影響不大。

綜上所述，如果是天災，兩個人都是功能性障礙，沒有性的婚姻一樣可以進行下去，也可以是很幸福的；一方是功能性的障礙，另一方是沒問題的，這樣的婚姻有可能會出現問題。如果是人禍，先不論對方怎樣，自己必須行動起來。

第二章　家庭心理學

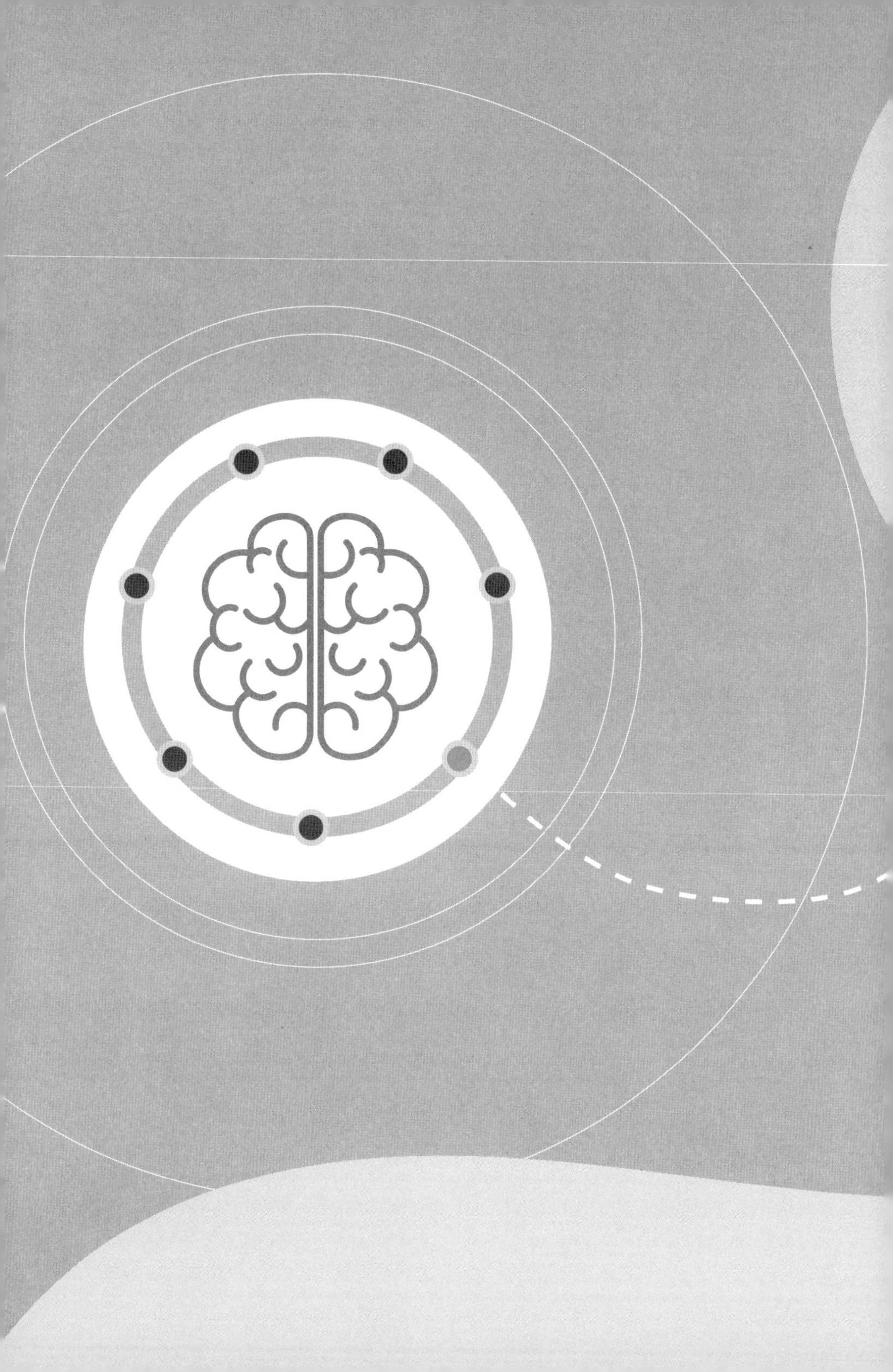

迷思16 為何父母的愛卻換來孩子的恨

這個問題其實不難回答，但是要搞明白事情的原委，可能就需要一本甚至幾本書的篇幅，因為裏面涉及的內容非常多，如孩子的感恩教育問題，父母的學習和成長問題，社會的價值觀導向問題……現在有很多人關注這個方面，我就簡單地回答一下。

一、假愛說

首先我們來思考一下，愛的本質是甚麼，愛的能力又是甚麼？為甚麼要問這些問題呢？因為我發現有一些父母，他們對孩子的愛不是真愛而是假愛。

1 假愛之焦慮

假愛是因為自己焦慮、人格不健全、心理不成熟，而過度地把心理壓力和焦慮轉嫁給自己孩子的一種愛。

在學業中，孩子並沒有感覺到自己的壓力很大，但是父母每天催促着孩子做功課、上補習班等。這就是父母的自我管理能力不夠，讓孩子承受壓力和焦慮的行為。當父母給孩子施加壓力時，父母肯定不會說：「爸爸媽媽受不了啦，你趕快幫爸爸媽媽調節一下心情吧，你如果不好好學習，拿不出一個好成績，爸爸媽媽晚上就又睡不着覺了。」每個人都有防禦的本能，父母也不例外，父母會這樣說：「你要好好學習，如果不好好學習，長大會連工作都找不到。憑你的水平，應該能拿到好成績！」孩子應該拿到好成績，這是父母對孩子的要求，孩子在學業上的壓力往往是父母帶給他的，而不是孩子自己感受到的。

父母沒有能力處理自己的育兒焦慮，就把這種焦慮轉移給孩子，並且還是以愛的名義，這是一種很典型的假愛。

2 假愛之恐懼

很多父母實際上沒有安全感，只要孩子離開自己超過三米就會感到恐懼，他們會把孩子牢牢地控制在手裏，不允許孩子有那麼多的朋友，不允許孩子去遠方，甚至會翻看孩子的日記本。沒有安全感的父母，害怕孩子會受傷、會吃虧，對孩子的行為充滿恐懼感。這種恐懼感會讓孩子覺得父母不信任自己，覺得人格尊嚴被踐踏，於是親子之間可能會發生嚴重的衝突。父母因為自己恐懼和沒有安全感，就把孩子牢牢地控制在自己的手裏。

3 假愛之理想自我

每個人都有理想自我，著名的社會學家費孝通先生說過：「在父母眼中，孩子常是自我的一部分，子女是他理想自我再來一次的機會。」父母都有可能這樣想，那些不懂愛的父母更加有可能了。他們為了讓孩子去實現自己的價值，還會給出很多冠冕堂皇的理由。

以上就是三種假愛，要討論清楚真愛的本質其實並不容易，在這裏我們先說假愛，以給大家一些思考和啟發。

二、怨恨之源

有一種冷叫「媽媽覺得我冷」，有一種餓叫「媽媽覺得我餓」。媽媽的這種行為是不是愛？是愛！有時候這種愛還會讓我們很感動。我曾看到一個情形：一隻小狗躺在主人的旁邊，主人用手摸了小狗的頭，之後就把手放下了。那小狗就把主人的手拿起來再放到牠頭上，這樣一而再再而三地重複，這隻小狗就已經對主人完全依戀，離不開主人了。這個主人見到誰都會驕傲地說：「你看我家的狗多聽話！」

其實父母對孩子的愛又何嘗不是這樣？孩子已經完全離不開父母了、完全不能掌握自己的人生，孩子這時不恨父母恨誰？但是有些恨並不是完全值得理解和原諒的，有些恨其實是可以不存在的。

每個人都是自己人生幸福的第一責任人。過去父母也許做得不對，但我們能做得更好！現在有很多年輕父母就做得很好，他們或許是上一代父母教養不當的受害者，但他們知道自救而不是哀憐、怨恨。他們是醒悟的一代，他們更願意學習怎麼育兒，更願意給自己的孩子足夠的人格心理空間，更願意給孩子足夠的尊重。

迷思17 如何看待孩子犯錯誤

作為父母，如何看待孩子犯錯誤？這是一個很普遍的問題，這裏我回答一下。

一、要允許、接受孩子犯錯誤

孩子的心理發育和心理成長，處在一個特殊的關鍵時期。他不是一個具有完全獨立的心理、行為能力的人，對於他在成長過程中出現的「正常」偏差，我們應該接受，不能把他當成一個有完全行為能力的人來對待。

孩子在成長過程中，犯錯是不可避免的。試想孩子在心理成長的時候，為了保證不犯錯，不能夠在嘗試中學習、在模仿中學習、在探索中學習，整天只是小心翼翼地做一些安全的、有把握的事情，這種情況是不是很可怕？

二、以愛為前提、以成長為目標的引導

孩子犯錯是不可避免的，犯錯不要緊，能不能利用犯錯而使孩子得到成長，這才是最重要的。孩子一次次地犯錯，父母一次次地引導及陪伴他成長，而不是在孩子一犯錯時就不斷批評。

三、成立「犯錯基金」，讓孩子自行承擔犯錯的責任

孩子的成長是體驗，所以體驗非常重要，但很多時候他體驗十次，有八次是錯誤的。所以我們應該有一個心理準備，為孩子在成長過程中因體驗而犯錯誤帶來的後果買單。比如，我們可以為孩子成立一個基金，這個基金的名字就叫「犯錯基金」。

「犯錯基金」的錢主要來源於三個渠道：一是孩子的利是錢，佔總額的10%-30%；第二、第三個渠道是爸爸和媽媽的各自工資比例的5%-10%。如果有兩個孩子，就要有兩份基金，不要放在一起，可以整體加入基金，但一定要分賬戶的。

人生是一個體驗的旅程，體驗就會犯錯，孩子犯錯本是自然而然的事，但由於父母在思想上沒有接受孩子犯錯的天性，所以就導致了一系列不合理的認知，從而產生了不理性的行為。所以我們需要強化父母的思想，讓父母意識到孩子犯錯誤是應該的，是孩子人生成長的必經之路。

迷思18

孩子害怕夜晚怎麼辦

在我們的成長過程中，肯定有一些本能的害怕，這種害怕可以保護自己。當我們在社會中慢慢地成長，聽說了一些事情，也接受了一些教育，由此就衍生了一種社會上的怕。但不管哪一種怕都可以使我們做事時不那麼魯莽，可以讓我們面對可能的危險時做一些防禦。孩子害怕夜晚怎麼辦？回答這個問題要從以下幾個方面來說。

一、孩子的「怕」不是問題，是父母的態度造成了問題

怕，不見得是壞事。重要的是當我們發現孩子怕的時候一定要有一個正確的態度。這個態度就是：孩子害怕是正常的事，害怕是成長過程中非常正常的煩惱。

成長的煩惱是時間的問題，是暫時性的，時間一長也就沒有問題了。事件本身不是問題，是我們的態度造成了問題。比如，一個孩子尿床了，這是他生理上的反應。其實很多人都會有這種經歷，但是他媽媽卻不能容忍，這時孩子就會自責，覺得自己實在是太失敗了，怎麼就管不住自己。這就是媽媽的不接納讓孩子產生了挫敗感。

二、接納孩子的恐懼，促使孩子建立安全感

有不少人問，孩子晚上不敢一個人睡覺怎麼辦？這其中有生理性的原始恐懼，還有他可能知道一些事情，認為天黑了會有怪獸，或看了電視、聽大人講了可怕的故事等，內心有恐懼感。

這時，我們首先要告訴他，害怕是很正常的，每個人都會害怕，爸爸媽媽也會有害怕的時候。害怕時我們會陪着他，等他長大了就不怕了。對孩子的恐懼、害怕給予足夠的接納，**這樣就能不斷地促使孩子建立安全感**。

安全感的教育有時比能力的教育還重要。很多時候，家長很重視知識教育、道德教育，但是卻忽略了安全感的教育，甚至還破壞孩子的安全感。本來這件事是小事，過兩年就好了，可能因為我們的不良干預，讓小事變成了大事。

迷思19 孩子不願上學怎麼辦

青少年在心理發育和成長過程中，不敢面對某些情景時，就有可能採取不想上學的逃避行為。從原因來看，逃避行為主要分為以下幾種。

一、不願意上學的原因

1 逃避學習

孩子因為學習成績不太好，不想做功課，不想去學校，於是就回家跟父母商量，他不想上學了。

2 逃避人際關係

這裏的人際關係主要包括三種：師生關係、同學關係和親子關係。比如覺得老師總是針對自己，他不喜歡這個老師，就不願意去學校；同學關係不好，他覺得在學校裏不能融入別人的圈子，其他人都不願意和他來往；親子關係緊張，比如父母親經常吵架，孩子覺得很煩，沒有心機上學了。

3 個性使然

自卑和自大都會導致不合群，個性孤僻、自卑的孩子，總覺得大家不喜歡他，覺得自己沒價值；自傲的人在學校裏總是看不起別人，誰都看不起。

4 特別事件

孩子不上學了有時可能是在學校發生了欺凌事件，比如他被別人打了，或者原來志在必得的一個目標沒有實現，或者沒有被選上班長，產生了心理創傷。

二、缺乏關懷和幫助令孩子沒有適應能力

逃避上學背後折射出來的就是我們在適應能力上的教育不夠，家長和學校都沒有主動培養孩子的適應能力。父母要給他鼓勵和幫助，讓他覺得自己是有價值的。當一個人有價值感的時候，他會積極適應環境，會在人群中主動表現自己。

凡是出現這類問題的孩子，我們大都能夠推測他們的父母是怎樣的人，他們的父母營造的環境，一定不是一個合適的環境，一定是很少讓孩子確定自己是有價值的環境。孩子產生適應障礙問題，其實父母和老師都是罪魁禍首。因為我們在教育過程中沒有對孩子進行自尊教育、自信教育和愛的教育。孩子充滿了自卑，他不敢面對任何的否定、

任何他需要挑戰的東西，他只有逃避。這種逃避的孩子，就是適應障礙的孩子。

三、令孩子不再逃避的方法

面對孩子的逃避，家長該怎麼做呢？可以從以下三個方面去做。

1 讓孩子覺得自己有價值、有自尊

不管用甚麼方法，如果你讓他覺得自己是有價值的，他的自尊就建立起來，遇事就不會逃避，不會被別人的看法所左右。

2 讓孩子經常感受到做人的快樂

當孩子嘗到做人的快樂時，他就會產生積極的情緒和好奇心，他一定是一個敢於去嘗試、願意去付出的人。

3 讓孩子嘗到成功的味道

有很多孩子從來都不知道成功是甚麼，所以他們遇到事情只有逃避，不敢去面對。孩子做好了一些事情，常常會期望得到大人的認可。教育的根本是人格的教育，是心靈的教育。父母今天提出那麼多孩子的問題，卻沒有想過如何讓孩子因為自己而

改變，沒有想過如何讓他感覺到被愛，感覺到自己有價值及值得享受美好人生。

父母需要學習和成長，而不只是用方法去搞定自己的孩子。父母要學會自我檢討，而不是只會找孩子的問題。

迷思20

如何應對憤世嫉俗的孩子

關於「如何應對憤世嫉俗的孩子」這個問題，我提出一些自己的看法。

一、孩子「憤世嫉俗」的原因

憤世嫉俗是對社會中的一些現象、文化、人情世故有一種討厭。「嫉」是厭惡的意思，「俗」是一種約定俗成的文化。每個人在成長過程中都要懂得人情世故，孩子憤世嫉俗，甚至是憤怒於這種人情世故，可能是父母缺少了對孩子這部分的教育。一個孩子在小時候，如果父母領着他多去探訪親戚，讓他多參與生活中的人情世故，可能會更有利於他的全面健康成長。當他長大了，就不會因為不能融入而不能接受，繼而由於不接受而產生對抗。「對抗」表現出來的就是憤世嫉俗的行為了。

二、面對「憤世嫉俗的孩子」的方法

1 接納而不是打壓

當孩子表現出憤世嫉俗的行為時，我們要選擇接納而不是打壓。如果打壓，他們會愈走愈遠。

2 讓孩子多體驗、多經歷人情世故

從心理學來講，憤世嫉俗的孩子是社會適應能力不良。從文化層面來講，其實就是在文化教育上缺失了，所以才不能夠融入現今的文化。所以我們要讓孩子多體驗、多經歷人情世故。這樣他們就會漸漸地融入進去。

3 與時俱進，學會尊重

文化和科技在不斷進步革新，我們的心理文化也在不斷變化的。以前我們認為的人情世故現在可能慢慢淡了，但並不代表它消失了，還有新的文化會產生。年輕人是文化革新的一個推動力，我們要尊重他們的一些想法和認識，因為未來要靠他們去形成新的人情世故，未來的文化是由他們去建造的。

迷思21 為甚麼較貧窮家庭的孩子容易出人頭地

在回答這個問題之前，我們先定義甚麼是「出人頭地」：第一，是他比較上進和努力；第二，是他取得了社會普遍認為的成功，例如賺到錢了、考上名校等；第三，是他最終過上了幸福的生活。

一、成就動機

從成就動機這個角度來說，每個人都有一個向上的動力。除了普遍性的生命向上的特點，窮人家的孩子在成長動機方面還有以下幾個特點。

1 自覺性比其他的孩子強

因為從小耳濡目染看到父母受的苦，看到自己家庭經歷的變遷，就會自然而然產生一種自覺。窮人家的孩子，不用跟他說要吃苦，要努力奮鬥，他只要看到父母把辛辛苦苦掙到的錢供自己讀書，他就不自覺地形成一種「我的生活來之不易，我一定要好好讀書」的意識。

2 有一種強烈願望，想要擺脫現在的生活

「知識改變命運」窮人家的孩子為了擺脫貧困的生活，要麼刻苦讀書，要麼很小的時候就打工掙錢。他們都想擺脫命運的束縛、現實的困境。

3 責任感較強

他們的責任感就是：我要承擔起家族的責任，改變我們家的命運。

4 他們背後有一種期望

這種期望是父母殷切的期盼，相對來說是和富人家的期望不一樣的。

二、人格獨立

出人頭地的人，是上進的人、成功的人、幸福的人。他們往往在人格的獨立性上比較強。「窮」包含了幾個方面：第一，經濟上的貧窮，家裏沒有錢。第二，社會地位低，家裏人被別人看不起等等。所以，窮人家的孩子包括物質貧窮和精神價值貧窮。如果家裏沒有頂樑柱怎麼辦？只能自己當頂樑柱了，所以窮人家的孩子會過早地獨立，這種獨立，不只是社會自我的獨立，還有心理人格的獨立。

迷思22 「好人」和「乖孩子」易抑鬱是真的嗎

「好人」和「乖孩子」易抑鬱嗎？這個問題我從三個方面來分析一下。

一、壓抑和抑鬱的關係

有些人心裏藏不住事，一有事就表達出來。表達的方式有健康的，有不健康的。向別人訴說、唱歌、跳舞、旅遊、寫日記等，這些都是健康的方式，不傷害自己也不傷害他人，同時又能夠釋放自己的壓力。有些人用的是不健康的方式，比如酗酒、賭博、性成癮，或者是一些暴躁發怒、破壞性的行為等。不健康的方式就是傷害自己和傷害他人的宣洩情緒的行為。

還有一些人不太擅長去表達，甚至不表達，就是不傾訴，生悶氣。這種人把情緒壓在心中，就相當於任由家裏的垃圾腐敗、變質而不去處理。心理上的情緒也是一樣的道理。容易壓抑的人往往是被動型的個性，他們常常積攢了一些不好的情緒，導致情緒變異，就容易抑鬱。

二、「好人」和「乖孩子」的模式

他們遇到問題的時候，傾向於為別人考慮而不會為自己考慮。遇到了問題總是認為「我做得不夠好」，就會產生內疚，演化為自責，最後甚至會發展成自虐，當內心積壓了太多負面情緒，心理的免疫力不足以把這些痛苦、擔心、內疚都消化掉，人就會抑鬱。

三、「好人」和「乖孩子」是如何造成的？

我們怎麼幫助這類人呢？第一，允許自己不夠好；第二，允許自己犯錯誤，不會因此而耿耿於懷；第三，允許自己麻煩別人。「好人」和「乖孩子」是身邊的環境造成的。身邊的環境不允許他們亂來，所以他們就只有做個「好人」或「乖孩子」。孩子一切的神經症的症狀，包括抑鬱、恐懼等，多半是因為被過度壓抑且沒有釋放造成的，這樣的情況往往發生在那些不健康的家庭氛圍中，發生在不和諧的校園環境裏。

「乖孩子」的背後，可能有一個不良的家庭環境，有一個該被「修理」的父母親。我們身邊如果有這樣的孩子，要對他們更加地同情，因為他們承擔了很多壓抑，也沒有權利和能力去釋放，只有默默地承擔。

第四章

社交心理學

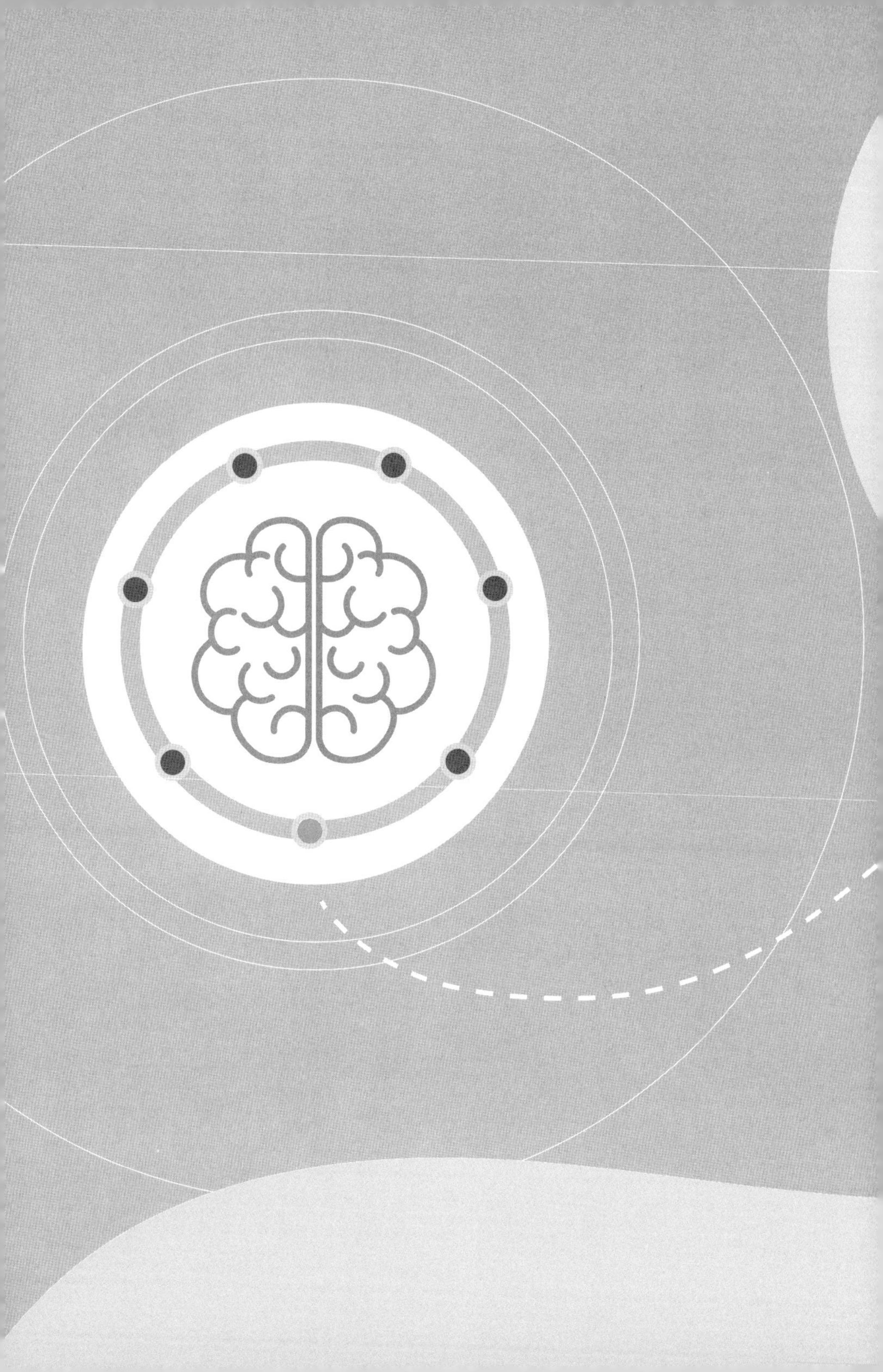

迷思23 有社交焦慮怎麼辦

社交焦慮是一種心理問題，如果長期存在且影響了生活和工作，就可能會發展成社交焦慮障礙，演變成心理疾病。其實每個人都存在不同程度的社交焦慮，但大多數人一般覺察不到，因為這種社交焦慮並不會影響工作和生活，只有發展成心理疾病才會受到重視。但是此類焦慮會降低我們的生活質量。例如，一些人喜歡宅在家裏，喜歡玩虛擬遊戲，這很大程度上是對社交的逃避。

一、與心理發育、心理成長有關係

人要經過一個發育和成長的時期，發育有兩條主線：生理發育和心理發育。我們從出生的那一刻起，身高在慢慢變高，體重也在慢慢增長，這是生理發育。

在心理發育過程中，首先是發育自我。隨着自我的成長，與他人的關係開始慢慢發展。每個人的「我」裏面都會有不同的關係系統。剛開始是媽媽，之後形成「我」，然後是老師和同學，之後就是愛人和孩子，這些人所佔的地盤會靈活地變動。但是在心理成長過程中，如果沒有靈活轉變一些人物所佔的地盤，這個人的人際關係就會受到影響。

二、社會適應不良所導致的心理症狀

社交焦慮除了與生理發育、心理成長有關，還和社會化發展有關。我們和不同的對象交往，就是在學習不同的禮儀、道德、規範、模式等。很多有心理問題的人，其實是社會適應不良，社交焦慮是社會適應不良所導致的心理症狀。

既然社會適應不良已成事實，我們能夠做的就是建設自我，提高自我。我們可以讓自己變得更自信和有自尊心。當一個人有自我的時候，他會傾向於認為別人是喜歡自己的，這會影響和他人的關係。同時我們再學習一些社交技巧、社會規範，慢慢地就會實現自我的成長與他人關係的成長。另外，我們還可以努力地參與社會實踐，提高自己的適應能力，那我們的社交焦慮就會減少。

迷思24
如何看待社交中左右逢源的人

生活中存在這樣的一類人，他們不善於交際，看到那些在社交場合談笑風生的人，一方面覺得很羨慕，另一方面又覺得很虛偽。

很羨慕代表他們內心很渴望融入，很渴望在人群中找到自我的感覺。覺得很虛偽我理解為「酸葡萄心理」，這是人的一種自我防禦和保護機制，當我們不能得到和實現自己的目標時，我們會在心理層面做一個加工，這個加工的結果實際上是讓自己的內心更舒服。

比如，男孩和女朋友分手了，男孩為了減輕失去心愛的人的痛苦感，就主動在腦海裏尋找一些可以讓自己舒服一點的認識：她其實也沒有那麼好，她提出分手是她的認識能力不夠，男孩想着想着就沒那麼痛苦了。這就是人們的自我安慰能力，有了這種能力，我們才可以在困難重重、荊棘密佈的人生旅程中走下去。

所以，羨慕那些社交高手的人，其實是希望自己可以提高交往能力，讓自己可以在人際關係和社會適應中得心應手。既然這樣，我們就要避免「屋漏偏逢連夜雨」的思維方式。

以前，我們不能掌控，不能決定自己的心理發育和成長過程，不能決定他人對自己的教育。但從今天開始，我們是可以從頭再來的，我們可以不斷努力和學習，在現實中找到自我確定感，也就是自信，嘗試着交往一些喜歡和接納我們的人。

我們有時間可以多讀一些書，可以參加一些類似於提升自我和交往能力的學習活動，比如，學習一些心理學提升自己的情緒智力水平等。

迷思25

人緣好的人都有哪些特徵

針對這個問題，我們從以下八個方面來談一談。

一、善良、樂於助人

我們內心有依戀的本能，渴望被人看見、理解、關注，渴望得到更多的人認同。這裏強調一點，通過幫助別人而讓別人認可自己，這不是真正的樂於助人，真正的樂於助人是在幫助別人的過程中自己本身是快樂的、享受的。

二、願意分享、有能力分享

一個真誠的人，他的安全感很強，他願意與你分享：他在想些甚麼，他接下來會幹甚麼，他現在正在享受怎樣的快樂，他擁有哪些有趣的東西等等。這種既願意分享又有能力分享的人，往往在人群中是比較受歡迎的。

三、有趣

無論找朋友，還是找愛人，人們都會考慮一個因素，就是這個人是否有趣。如果他很古板、無趣，就意味着他不善於探索、不會創新，跟他在一起死氣沉沉的，沒有意思。那些有趣的人會給我們帶來一些出其不意的心理體驗。

四、思想積極、有正能量

有着良好的精神狀態，思想純淨、積極向上，而且又愛笑的這些人，他們看起來沒有甚麼傷心的事，跟人說話的時候也不帶負能量，一旦別人有甚麼不開心，跟他們講完之後往往變得充滿希望、積極向上，這樣的人往往更容易受歡迎。

五、良好的外表和形象

我們都不太喜歡邋遢的、不愛乾淨的，行為舉止猥瑣的人，相反我們會喜歡形象上比較乾淨、樸實，氣質上給人賞心悅目的感覺的人。

六、有主見、能與他人和而不同

我們不太喜歡那些優柔寡斷、隨波逐流的人，我們往往更喜歡那些有主見、有邊界的人，哪怕你跟他相處，他拒絕了你，你仍覺得被尊重了。當你有一些態度、觀點、行為，他不太認可的時候，他也能接納你的存在，而不去改變你，他能夠允許他人按其原有的方式存在。

七、讚美、欣賞他人

人緣好的人無論看到甚麼，都能說出好來。這不是一種套路，而是他發自內心看誰都好，都可以去欣賞。這樣的人無論到哪裏都能夠隨遇而安，能夠讚美別人。人人都渴望陽光，都渴望被讚美，所以有讚美習慣特徵的人，都是有好人緣的人。

八、幽默

在日常生活中我們可能會遇見一些尷尬的事情，以及一些突發的、不能應對的場面場景。幽默是一種很重要的特質，是微笑着與命運和解。幽默的能力是和解和化解的能力，是非常重要的一種心理修養。

迷思26 不懂得拒絕別人怎麼辦

如何拒絕別人，這是一個讓很多人都頭疼的問題。在探索這個問題之前，我們先思考一個問題：不懂得拒絕別人到底是「不懂得」，還是「不敢」？「不懂得」是技術問題，「不敢」是心理問題，在探討如何拒絕別人的操作方法之前，我們要先分清這兩者的分別。

一、「不懂得」的技術問題

如果是技術問題，說明這個人會更多地考慮別人的感受，其最大的困擾在於如何能拒絕得得體一點，即已經做了要拒絕的決定，剩下的就是考慮用怎樣的技術操作，讓自己拒絕的時候心情能輕鬆一點，也讓拒絕這個事件顯得合理一些。

這種人往往比較愛面子，也比較照顧他人的感受，是一個在乎自己風評的人。如果要解決這個問題，建議在操作技術上少一些手段，多一些真誠。有些「不懂得」如何拒絕的人，經常在拒絕的時候試圖向對方做解釋，但往往愈解釋愈像在掩飾自己的拒絕原因，結果反而愈描愈黑。所以，在一般情況下，我們拒絕別人的時候，可以不繞圈子、不用手段，也不瞻前顧後，可以直截了當地當面講清楚。存在技術層面的問題是因為我們總是想要把事情處理得很完美，這樣一來就多多少少戴上虛偽的面具，所以我們在拒絕別人的時候，能夠把問題講清楚就行。由此看來，一些人在人際關係或事業發展的過程中很被動，這種被動的局面往往都與自己對事情太追求完美和場面的漂亮有關係。

二、特殊情況

特殊情況是針對對方的情況而言的，比如，對方當時的心理脆弱，不能接受突然的、直接的拒絕，那麼這時就不適合當面拒絕他，直接拒絕可能會導致他內心受不了，會採取過激的行為。所以說，真誠不能一概而論，要看具體情況來行動的。在拒絕的技術問題上，我們要堅持真誠的原則，但也要學會因地制宜，不難為別人，也不難為自己。

三、「不敢」的心理問題

接下來我們探討一下心理方面的問題，也就是「不敢」的問題。

1 不捨得

人們大多都是貪心的，如果有時候拒絕了一些人、事和不願意滿足的請求，那就意味着在以後的人際交往中要失去一些東西。大多數的時候，我們不敢或者不捨得得罪別人，總想着讓所有的人都喜歡、接納和歡迎我們，想要被所有人盡可能地肯定，但這顯然是不現實的，而且這種不捨得拒絕的心態，往往會讓自己蒙受巨大的損失。捨得，就是要適當地付出一部分成本，一旦我們捨得付出一些成本之後，對一些人和事，我們就會敢去拒絕了。

2 避免不義

如果從貪心的角度來審視這種不捨得拒絕的行為，那就是內心的一種衝突，患得患失反而甚麼都得不到，這是心理人格衝突的問題。不義的人到最後也不會有好的發展，因為兩方面都敷衍着，到最後可能兩種利益都得不到。所以，只要我們選擇了一邊，然後一心一意地追求發展，一定會有好的結果。

3 害怕被否定

我們害怕拒絕別人之後，別人找我們的麻煩或吃苦頭，甚至後果會非常嚴重。這就是迫於外界的威脅和壓力而不敢有拒絕的舉動和言語，沒有勇氣承擔拒絕之後的後果，所以很多時候有的人就乾脆不拒絕。因為不敢接受後果，所以就不去拒絕，最後得到的不良結果會更加嚴重。

聊着聊着就陌生了嗎

為甚麼有的人剛開始能聊得來，後來不知不覺就變得陌生了？我們一起來探討一下這個話題中的心理學知識，因為這種現象在生活中是比較常見的，相信在用心理學知識解讀之後，可以為大家在人際關係中的應對策略做一些參考。

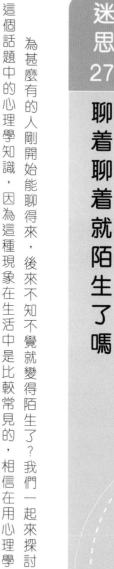

一、剖析這種現象背後的原因

1 為了不暴露缺點而放棄關係

在人際關係中，兩個人是從遠到近的，從一開始的彼此不認識到相遇，人和人之間一定有「同」才會在同一個地點相遇，然後從相遇到相交、相知，再到相伴、相守甚至是相戀等更高的關係層次。

人際關係發展的歷程，層次會越來越高，深度會越來越深。這個時候，一個人內心的人格、價值觀和情緒情感模式都會在朋友面前暴露出來，當我們在人際關係裏暴露出自己的真實狀態的時候，每個人內心都會有一種本能——自我保護。有一些人，他們在人際關係中一旦進入可能暴露自己缺點的階段，就開始逃避甚至放棄這段關係，導致這段關係無法繼續下去。

2 「不知不覺」變得陌生

不知不覺是一種很微妙的感覺，第一種不知不覺是在人際關係中，有些人很敏銳地預感到對方可能馬上就要碰觸到自己人格中陰暗的部分，所以在這一切發生之前，他就會避開這種更深層次的交流。

第二種不知不覺的情況，就是我們被對方發現或者我們發現對方，實際上是華而不實，出於交朋友安全和真實的考慮，避免了深層次的交流。

第三種是不具備深交的能力。即這些人不具備人際交往中進行深交的能力，本質上屬技巧不行或者能力不夠，在交往的表現中，交往的雙方並沒有多少套路。比如，你跟我說一句話，我可以回答，也可以在回答之後反問一些話，也可以傾聽，還可以表明態度。有的人在聊天時沒招可以出，他就只能說一句話，也沒有想到後續如何接話，所以就會很尷尬。

二、如何處理不知不覺變陌生的情況

不知不覺變陌生的情況，其本質反映了三個問題。第一種不知不覺變得陌生的情況，其背後的原因是人格方面有所欠缺導致的，是需要成長與自我完善的。有些人在日常生活中跟別人交往，進行到某種程度就發展不下去了，他們會找出一些所謂合理的理由拒絕深入交往，這就使他們在不知不覺中喪失了成長的機會，也在不知不覺中和對方越來越陌生。

第二種是我們在社會中的相處之道。不論自上而下還是自下而上，都要做到內外統一。如果不把自己的外表包裝得賞心悅目一些，別人願意接觸你的意向或者願意接受你的程度也會打折扣。即使你是自下而上的，是靠實力的，也是要考慮外表的包裝問題。另一方面也要努力提高自己，讓自己的實力能匹配得上這些包裝和光環，讓他人通過跟我們的交往發現我們就是一個表裏都很優秀的人。

第三種情況的解決，就是要有針對性地提高自己的技能。因為這第三種不知不覺就變陌生的情況，產生的原因就是當事人的人格問題，所以我們需要成長自我。如果是交流模式的問題，就要把模式調整到健康模式；如果是技術的問題，就要提高交流的技術水平，爭取和別人聊天的時候有來有回。長時間的努力之後，慢慢地各方面的能力也就提高了。

迷思28 為何對最愛的人說最狠的話

我們運用心理學的知識，可以看到一個人行為背後的動機。說狠話的人背後的動機是甚麼？說狠話的人想要達到甚麼目的？其實，說狠話無非是想讓對方滿足自己對於某件事情的處理要求，或者是滿足自己對關注和愛的需要。

可是，很多時候人們會覺得他們的愛沒有被滿足，所以就會用自己認為可以獲得愛的需求的行為方式對對方進行刺激與表達，說狠話就是其中的一種刺激與表達，當然，我們也可以把這種表達理解為是一種控制。我們為甚麼會對最愛的人說最狠的話呢？我們從以下幾個方面來分析一下。

一、成本或代價最少

我們對最愛的人說最狠的話，成本或代價是最少的。這說明我們在做一些事情時，會考慮行為之後要付出的代價或成本有多大。

然而，對親密的人說狠話，說多了他會變得百毒不侵，甚至是麻木不仁了。說狠話的人不可能是突然才會說狠話的，他可能一直在說狠話。他說着說着，對方聽多了沒反應了，可能就達不到控制對方的效果了，也達不到愛和滿足的效果了。這會導致幾種結果，說狠話的人有可能會反思自己，有可能會愈說愈狠。

二、說狠話是一種訴求和自我保護

我們說狠話的背後還透着一種心酸、無奈的表達和訴求，還有可能是自我保護的一種外在掩飾，這主要由兩個原因引起。

1 渴望對方給予自己關心和愛

如果對方不懂如何表達關懷和愛，我們可能用明示或者暗示、用溫柔的方式也得不到，最後就可能會變成用極端的方式、說狠話的方式去獲取。

說狠話在親密關係中是一種非常規的行為或互動。比如，一個小孩原本是有正常行為的，但是每當他有所需求時，媽媽都不理睬他，他嘗試了幾次之後，媽媽沒有反應，他就選擇以哭鬧來引起注意。

2 他們缺乏愛或有心理創傷

說狠話的人自己已經不會去訴求和索要愛了。他是缺愛的人、有心理創傷，所以即使是遇到了一個懂愛的人，他也會用說狠話的方法來表達，這是由兩方面構成的。

因此，對這一類「可恨」之人的「可憐」之處，我們在溝通的時候要進行關心，在潛移默化中改寫他的行為模式，可以在平時向他表達清楚：「你不要說狠話，你溫柔地說，我就可以滿足你的一些合理要求，你不要急，你是不是想讓我關心你一點？」接招的人要心態平和地給予回應，要明白以柔克剛的道理。如果我們以牙還牙地說狠話，說得比他還狠，時間長了，就分不清誰是始作俑者了。

說狠話的背後反映是缺愛，或者說沒有愛的能力，也沒有接受愛的能力。他通過說狠話這種非正常的行為來控制對方，從而達到自己需要的結果，時間長了就會形成親密關係中的一種行為模式。這種行為模式雖然相對穩定，但也是可以改變的。喜歡說狠話的人自己要覺察到自己的問題，另外身邊親密關係中愛他的和他愛的人，都可以幫助他去糾正這些不好的行為，但是前提是那個親密關係中的人要有理解和愛的能力，否則就會變成兩個人互相說狠話、互懟的場面，這樣就解決不了問題。

第五章 生活中的心理學

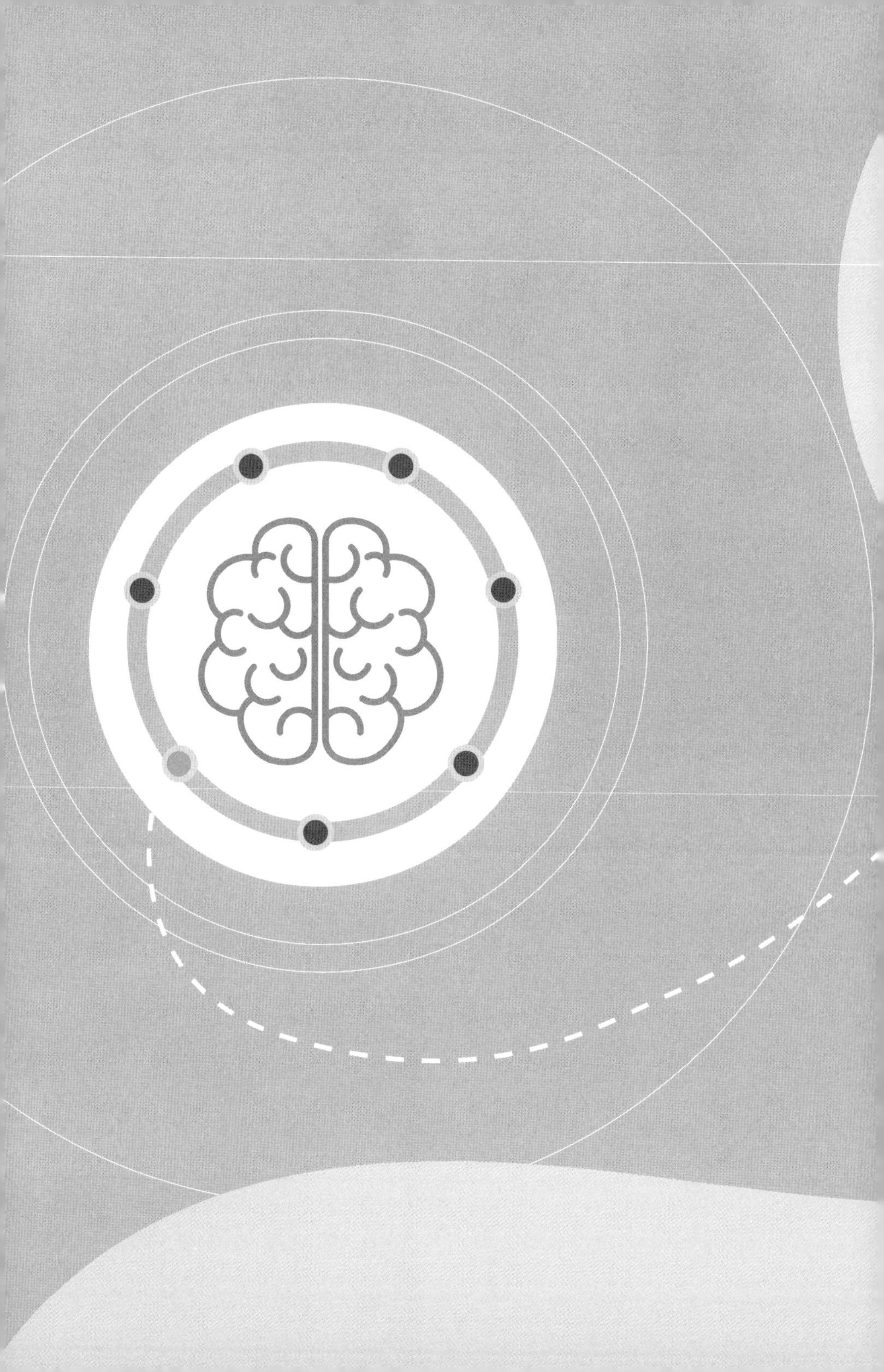

迷思29 小時候被人欺負，長大後會有心理創傷嗎

在談論這個問題之前，我們要先談談他小時候為甚麼會被欺負，對方通過欺負他能達到甚麼目的呢？對方往往利用外部的傷害行為將他的心理擊垮，最後把他心理上的意志牆壁推倒。

比如，在一個班裏，幾個同學欺負一個同學，他們表面上是使用暴力，實則是要孤立那個同學，使他的處境變得堪憂，但是不管他們運用怎樣的欺凌手段，都是源於內心的一種犯罪心理。在糾紛中做出欺凌行為的一方，其實是為了把對方的意志給擊垮，讓對方從心理上就範，甚至讓對方放下自我和自尊。

一、創傷與否取決於自我價值

如果一個孩子被別人欺負之後，他的反抗意志和自主意志都被別人扼殺了，他接受了那種逆來順受的狀態和飽受欺凌的處境，別人欺負他的目的達到了，那麼他產生了一些心理上的創傷，或者長大後在人際關係中會有較強的攻擊性或者自我防禦意識，當遇

到一些極端事件時，可能會喚起這些不良的回憶，進而引發一些不良的後果，或者他也會成長為一個欺善怕惡的人。這算是心理創傷的一種體現了，因為它已經變成了一種特殊的創傷行為，這種行為模式是當事人通過其自身價值觀等綜合考量做出來的。

還有另外一種可能性，被欺負的人可能會怕到甚麼程度呢？就是一聽到那個欺負自己的人的名字，他就害怕、逃避和自卑，這種表現就是小時候真正地被傷害到、意志也被擊垮的反應，這就是造成了比較大的心理創傷。這就是小時候被欺負，長大後有心理創傷的一種外部表現。

有的人寧願和欺負自己的人作對到底，也依然會不服氣地做自己，不受別人的擺佈，這就是在追求自主意志。他們小時候因為家庭的、學校的、教育的等各方面的原因被別人欺負，但是他們從心理上並沒有被打垮。所以，我們不能僅從「小時候被欺負」的這種外部行為就判斷他們長大後會造成心理創傷。被欺凌之後，不同的人會有不同的結果，前面就講述了兩種結果。那麼被欺負的程度不同，當事人所表現出來的狀態也不一樣，也有一些人，他們不但意志沒有被打垮，反而還越挫愈勇。「創傷」不一定都要拿走，換一個角度對待創傷，它也會對自己產生好處。所以我們得出的一個結論：外部的創傷行為，並不一定全部會造成心理上的創傷。是否造成創傷是由外部的文化環境、自我的體驗和認知來共同決定的。

二、創傷與否取決於外部的文化環境

以前有個故事，某個小女孩被性侵了，她回家和媽媽說這件事，結果媽媽說：「你還有臉回來？你把臉都給我們丟盡了。」結果這個小女孩就自殺了。這說明環境中的人和事可能會對受到欺負的人產生負面反應，會對當事人的心理產生相當大的影響。

我們做過甚麼事、遇到了甚麼困難也並不可怕，最可怕的是事後面對的那些外部的輿論和文化因素。很多時候，影響事情走向的都是周圍的環境，這個環境與社會文化有很大的關係，也與當事人當時周圍人的素質有關係。

不要小看周圍的這種輿論和文化的壓力，它往往能殺死人的心靈，甚至有時候能殺死人的生命，很多最後走上絕路的人，一般都是被周圍的輿論和環境「殺」死的。所以，一個人小時候被打、被欺負，如果周圍的人覺得這不是個問題，那他自己從內心也會覺得不是問題。

三、創傷與否取決於自我的體驗和認知

在被欺負的過程中，可能受欺負的當事人內心的獨白是這樣的：「我並不覺得被你們欺負了，只不過我現在打不過你們而已，我並不愚蠢，也不是你們說的笨蛋。我心裏千般萬般地不服，等我以後長大了，強壯起來了，再來找你們清算！」這就是自我的體驗和認知，外部的文化環境和內部的體驗認知，共同決定了某個個體在小時候被欺負之後，長大了會不會有心理創傷。

一個人在童年經歷了一些不良的事情，長大後最終會形成怎樣的心理人格，會不會造成心理創傷，這些都是受到內外各種因素的綜合影響。不同的人，其人格的個性、彈力和承壓的能力都是不一樣的，所以就算是遇到同樣的事件和同樣的輿論壓力，不同的人所給出的反應也是不同的。也就是說，**人們經歷的困難和挫折並不都是不好的，對那些內心強大的人而言，他們可以將這些困難和挫折轉換成生產力。**

今天之所以有很多青少年心理有問題，是因為他們在社會化的過程中，沒有學會安放自我。我們的心理教育和心理治療主要指向事件或者困難發生的情境，並不是對事情和事後的整個過程進行反思和檢查，甚至優化。一個小孩被欺負了，他選擇求助、求饒，或選擇勇敢地戰鬥，還是選擇忍受，以上都不見得是錯的。

從吃飯能看出人品嗎

從吃飯能看出人品嗎？這個問題的答案是肯定的。因為吃飯對人而言是一項重要的活動，在這個活動中人的各個方面都會表現出來。飯桌是一個特殊的人際關係場合，在這個過程中，我們會和別人有互動，表達很多的訊息。吃飯也是人們禮尚往來的媒介，飯桌上的很多行為也會投射出大量的個人訊息，比如，夾菜、敬酒、座位排序和餐桌上的對話，這些言行舉止都能反映出一個人的意願和修養。

一、對待侍應是不是寬容和有禮

吃飯時，我們會和餐桌上的其他人、飯店裏的侍應打交道，在這個過程中，我們用怎樣的態度和行為，就能體現出我們的人品。如果我們對侍應大呼小叫，稍有不慎就指責、批評甚至刁難，這就能看出我們的為人不僅寬容度不夠，還不近人情。

如果我們輕聲輕語，禮貌待人，即使稍有怠慢，也能做到寬容他人……這其實不僅是社會交往中的基本禮節的問題，也是關乎個人修養的問題。

二、到別人家作客會不會主動幫忙

如果去別人家作客，我們就要跟對方的家人進行互動，記得我上學的時候，去其他同學家裏玩，其中有一個同學就受到很多同學家人的喜歡。因為每一次我們到同學家裏去都是玩的玩，聊天的聊天，但是這個同學就會主動去問候同學的爸爸媽媽。如果大家留下來吃飯，他就會跑到廚房尋問要不要幫忙，還和同學的媽媽聊天，這就是和東道主家人際關係的溝通。所以我們很多同學的家長就很喜歡他，對他有很深的印象。

有人可能會說他有套路、有機心，但其實這也反映了他願意讓別人產生對他的好印象的這種期待，這並不僅是考慮自己，也是考慮別人。他其實是考慮到要給所去的這個同學家人一種好感，這就是比較好的個人修養的一種體現。

三、在家招待客人時能不能令客人賓至如歸

如果是請別人吃飯，想要把別人招待好，就需要在氛圍、飲食和品位上面多下功夫。主人招待客人的時候，可能會勸其多吃菜，這樣做的本意就是要讓客人產生賓至如歸的感覺，這也是大部分中國家庭的待客之道。從這裏就能看出：人家到你家作客的時候，你待客熱情和真誠與否，這都能反映出一個人的態度和修養。

四、點菜時有沒有考慮別人的感受

點菜的時候，有的人沒有主見，有的人以別人的喜好為標準，有的人則是不願意承擔責任，害怕萬一自己點了別人不愛吃的菜會惹人不高興，所以就乾脆讓別人點菜，還有的人比較以自我為中心，不考慮別人的感受，只點自己愛吃的……所以，在點菜的環節中，能不能夠考慮別人、照顧別人的感受，有沒有詢問其他人忌口等都可以反映一個人的修養。

五、吃飯時有沒有與人交流

在吃飯的時候，人與人之間的互動也很重要。如果在吃飯時，你和旁邊的人沒有任何的交流，也不說話，那麼一頓飯下來誰也不認識誰。事實上，人的修養也從這些人際關係的情商能力中體現出來。

六、飯後會不會主動結賬

有的人請別人吃飯是自己買單，別人請客他也會結賬，從結賬就可以看出這個人還是比較願意為他人着想的，這也能從側面展示出他的修養。

七、餐桌上有沒有不良的習慣

餐桌上的小行為也能反映個人修養，比如吃飯時的不良動作，包括和別人搶菜、挑菜、翻菜、別人夾菜時轉桌子等，這些不良的習慣雖然是教養的問題，但背後也能反映出這個人的修養問題。

再或者是吃飯時吧嗒嘴，吃完飯一抹嘴大呼小叫「再來一碗」，看似是豪爽，實際上在禮貌等修養方面是需要提升的。如果偶爾一次是無心的，說明他可能情商低，不會照顧別人的感受；如果是長期都這樣，就說明這個人比較自私，有很多不良習慣，所表現出來的行為有可能就會損害到公眾的利益，這就會上升到此人的修養問題。

人性都是差不多的，但是人與人之間的不同更多地在於習性，且人們之間修養的不同也與習性的不同有關係，所以人的修養應該是一個綜合的體現，而不僅只是「好人」和「壞人」這兩種簡單的區分，還包含了一個人的方方面面。

而且，道德和心理修養也是相通的。如果一個人很善良，他的心理健康水平也會高；反過來，一個人的心理健康水平很高，他的道德水平也不會差。也就是說，道德水平愈高的人，其修養也就愈好，內心也就愈健康。

迷思31 愈沒本事的人愈固執嗎

為甚麼愈沒本事的人愈固執呢？這裏的關鍵詞是「沒本事」。我們理解的沒本事，說的就是自己掌握的能力、技術、資源比較少，然後取得的成果和成就也比較少。

但這裏的成就是比較少，並不是沒有成就，每個人總會有自己的價值，也總是會有體現自己價值的地方。那些固執的人往往固守在一個觀念上，這個觀念就是他們一直堅守的且認為是正確的價值觀，或者是自認為正確的邏輯、道理、處事原則以及規律等。總之，固執的人想要堅守在一個觀點上，這或許也能間接地反映出他們沒有持有更多的觀點。

一、固執的人創造性不強，自信不夠

換個角度來看，那些固執的人，其創造性往往都不是很強。如果他們有很多的想法、思維和邏輯，如果他們一直在學習和更新自己的知識庫，可能就不會幾十年如一日地一直堅守着一種觀點。

另外，固執的人往往還對自己不太自信。如果他們對自己自信，就可以放棄原本堅守的這種解決問題的固執方法，然後勇敢地去追求新的可能性，且相信自己有新的可能性。但固執的人不自信，沒有勇氣跳出固有的思維舒適圈。

1 讓他們產生自信

對於那些固執的人，讓他們放棄現有的觀念是比較難的。首先要讓他們產生自信，提升他們的心理資本，一般情況下，很多人對待固執的人的方式就是一味地否定和打擊，甚至會鄙視那些固執的人，把自己擺在固執的人的對立面。殊不知我們愈是持有這樣的態度，那些固執的人就會愈堅守他們本就持有的固執思維。

我們應該做的是要幫助固執的人提升他們的心理資本，讓他們覺得自己有希望擺脫固有的觀念，這樣就可以得到新的自由觀念，可能就會和我們討論跳出固執圈子的方法，還會嘗試站在我們的立場上去看問題。

2 讓他們產生勇氣

固執的人是勇氣和自信不夠，也是不願意放棄本來觀念的人，他們如果一直堅守着一種解決問題的方式，便沒有更多的發展可能性，或者他們本就不相信會有更多的發展可能性。

在考量自己有沒有足夠的勇氣時，你可以問自己這樣幾個問題：你敢和過去不同嗎？你敢和別人不同嗎？你敢去面對走少數人走過的路之後的結果嗎？如果你勇氣不夠，即使有想法，那麼在實施的過程中也會猶豫不決、唯唯諾諾。

固執的人其實也有他自己的想法，但是可能只是因為勇氣不夠，所以他們難以超越自己，也難以走出自己的圈子和固有的模式，難以形成自己獨特的風格，難以創造出新的作品。

「我就不可能有巨大的發展，不可能創造更好的物質和精神方面的價值」，於是到最後就會變成眾人眼中的沒本事的人了。所以沒本事才固執，固執才沒本事，這兩者之間是一種互為因果的關係。相對來說，有本事的人，他們可能就不會那麼斤斤計較，也可能不會那麼得理不饒人，他們眼界高、格局大，會在自己的一方天地中提高個人能力，進而去創造屬自己的事業。

二、固執的人容易演化成偏執型人格障礙

過於固執而導致難以適應正常生活的人，到最後也許會演變成一種心理疾病。在邊緣性人格的類型中，有一種叫作偏執型人格障礙。偏執型人格障礙，其實就是固執的人

發展到最後的一種病態的症狀。但有少數人其實是具有偏執型人格障礙的，或者說他們還沒有發展到病態的程度，但是如果他們內心的焦慮和不自信沒有得到緩解，固執就可能演變成偏執，或者日後遇到一些突發的刺激性事件，便會有可能發展成偏執型人格障礙的人。

1 引導他們跳出固執的思維和生活圈子

我們首先要理解那種固執的人的狀況，不要去傷害和刺激他們，如果有時間和精力，可以盡量引導他們跳出固執的思維和生活圈子。固執的人並不是天生就是這樣的，他們是在心理發育和心理成長的過程中，沒有得到更自信的發展所造成的。很多時候他們空有創造的思維卻遲遲不行動，上面所說的惡性循環可能會讓他們在旁人眼中成為沒本事的人。

2 給予他們及時和真心的鼓勵

如果他們是我們的家人，那麼我們就要給他們及時的、真心的鼓勵，讓他們有勇氣嘗試去做一些不同以往的事情。或者嘗試站在他們的立場上為他們考慮，要讓他們有安全感，這樣，他們可能就自然而然地開始接受新事物，不斷地開始更新自己的思想了。

對孩子的教育，尤其要有這樣的傾向和重點，要讓孩子相信無論發生甚麼事情（生命受到威脅或者歷經危險的情況以及違反法律的事情除外），他們都要勇於面對，如果孩子按照這個方向走下去，其個性就會是開放的、創新的、勇敢的和自信的。

所以請給固執的人一些寬容、一些接納，用科學的方式、愛的方式去幫助他們，讓他們走出原來的固執。

迷思32 喜歡冷戰的人背後是甚麼心理

關於這個話題，我想從三個方面來分享一下我的看法。

一、「習性說」

通俗而言就是性格使然。《三字經》裏有「性相近，習相遠」一句，「性」和「習」是兩個意思，「性」是先天的，也就是人們的純真本性，而且人們的純真本性都是差不多的，且這很難改變；「習」是後天養成的習慣。

有一些人，他們對事情的反應不是主動地處理，而是被動地接受。在遇到問題的時候，這類人不善於向前走而是等着別人在身後推動自己。在親密關係中，他們喜歡冷戰，這種冷戰可能並不是他們的本意，而是他們的習性如此。所以在和人相處的時候，他們往往就是被動的，別人說怎麼辦就怎麼辦。吵架、衝突或者有矛盾的時候，他們也就習慣性地等待別人先邁出和解的那一步，這並不是說他們有甚麼惡意或想法，而是他們性格使然。

二、「戰術說」

在親密關係中，有的人善用冷戰的方式作為手段，在現實生活的人與人相處過程中，我們也會使用到冷戰這種「戰略戰術」，在現代社會這叫作「套路」，目的就是使用這樣的方法來達到自己想要的效果。還有些人心機比較重，為了達到控制別人的目的，故意冷落別人從而使其就範，這樣的人吵架之後的心理活動可能是如果我馬上就對你表達善意，很可能會讓你更加飛揚跋扈，這就不利於你的反省和進步，就會更加不利於彼此關係的健康發展。

像上面描述的這種冷戰的使用方法是積極的，主要是為了維護彼此間的關係，把冷戰作為戰略戰術來處理。比如知道你害怕孤獨、空虛和寂寞，但是他還是故意冷落你，讓你就範，讓你受不了就向他求饒，他就是以這樣的方式去控制你的。無論是控制彼此的關係走向健康的方向，還是控制對方使自己在這段關係中處於主動地位，這都是控制的一種方式。

當然，有控制就會有反控制。就是你冷戰，我也冷戰。看誰冷得過誰。這就是用冷戰這個「戰術」展開的控制與反控制的活動。

三、「修理說」

「修理」就是指懲罰，實施者希望借助冷戰來修理和懲罰對方，這就有些不友好了。兩個人在冷戰中心懷芥蒂，已經有了怨恨，也不是為了達到一些處理事情的目的，歸根結底就是損人不利己。這種心態就是我不管那麼多，反正就是讓你難受。雖然可能會「殺敵一千，自損八百」，但我寧可這樣，也要讓你痛不欲生，總之就是要和你對着幹。

以上就是我對這個問題的分析，這些分析是從心理學動機和需要的角度來展開的。

退一步真的海闊天空嗎

對於這個話題，我想從三個方面來與大家分享。

一、「退一步」的意思

我認為「退一步」應該有以下幾層意思：

1 「不強求」

很多時候，生活中並不是所有的事情都能如我們所願，當學着接受時，我們就開始擁有智慧。知道我們該做的事情和該努力的部分都做到，但是最後還是沒有達到想要的效果，所以就要學會接受現狀。

2 「不激進」

在現實生活中，有的人裹足不前，很多時候事情就會做不成。那麼無論是處理關係還是事情，往往都不會成功。但如果我們用力過猛，往往也會過猶不及，這個時候其實已經是激進了。激進就會容易受傷，傷的是自己或是別人。因此不要激進，適可而止也是一種智慧。

3 「不固執」

每個人的性格不同，有的人性格靈活灑脫，有的憨厚固執且忠於自己的想法，甚至可能一輩子都不能改變自己在某些方面的觀念。當然，有時候我們適當地堅持自己正確的意見，這是有自主意識的體現，但是如果過於堅持，甚至在觀念錯誤的時候還要堅持，一直不去靈活地、審時度勢地做出相應的調整，那麼這就是固執了。

退一步的意思是說我們在處理事情的過程中，要「不強求」、「不激進」、「不固執」。這個問題背後其實就是講一個人的思維質素。有了積極的思維質素，我們才有積極的行為，擁有積極的人生。

二、要放過自己

很多時候，我們在一些自己在意或者敏感的事情上不願意退一步。很多情況下我們都會選擇對別人友好，如果你選擇了對別人友好，首先你會獲得兩個積極的部分：第一，別人會反過來對你友好，就算沒有反過來對你友好，那麼也會減弱對你的攻擊，這樣你就受益了；第二，你在對別人友好，心中就會生起正念。

一個人做正義的事、做利他的事，就會產生正念，正念愈多，邪念無所遁形了，擁有正念本身就是你的回報。退一步是放過自己，放過自己之後，自己就不再受制於這件事情，就可以騰出手來去幹自己的事業，自己就可以得以修整，繼續抓住良好的成長機會去進行自我實現。

三、「海闊天空」的意思

如果從事業發展來說，就是機會變得更多了；如果從理想追求來說，就是空間變得更大了；如果從人際關係來說，就是朋友更多了。海闊天空是一種「勢」，是勢力的勢，也是形勢的勢。

那麼我們想要擁有這種「勢」，就要依「道」而行，「道」就是規律，就是天時、地利與人和。「天時」是自然規律，「地利」是身邊的有利地形，「人和」是有更多的人擁護你。

我們從這三個方面去看一個人的思維定式，看一個人的思維是否僵化。一個人要有靈活的思維修養和積極心理的修養，再加上創造力，這幾個方面是一個人成功和成才所需要注意的方面。

如今，「退一步海闊天空」已經成了人們的一種智慧，就是我們今天的積極思維修養，這不是八面玲瓏，不是不向前，也不是過猶不及，而是恰到好處。

迷思34 為何有些人總是會自動代入受害者視角

為甚麼有些人總會認為自己是受害者呢？從心理學角度該如何理解這種現象呢？今天我們從一個側面來談受害者的心態，分析這種總認為自己是受害者的人會有怎樣的表現，他們會有哪些隱秘性的動機和行為，在生活中我們應該如何去預防？探討這個話題的主要目的是讓有這種傾向的朋友有辦法做一些調整和改變，從而使自己的人生更加幸福和圓滿。

一、受害者心態的本質與成因

受害者心態實際上是一種獲益性的選擇，他選擇以一個受害者的形象或者社會角色去面對他人。我們把人們內心有各種想法的現象叫作心態，心態不好的人在最極端時就是受害者的心態，如果這種心態發展得嚴重，就是邊緣性人格障礙。有些人總是覺得自己被別人不公平對待了，如果長期保持這種心態而不做任何干涉和調整，那就可能會形成偏執性人格特質。表現在外部的行為，典型的就是不停找別人的麻煩，還總覺得有人要害他，也有的人會認為這個社會是不友好的，長此以往可能會在人格中發展出攻擊性，形成反社會性人格障礙，到這個程度就是比較嚴重了。

有的人甚至會一直利用這種形象去獲益。當處於困難中的人以受害者心態面對他人時就會吸引別人對他們的關注和同情，有的人會提供幫助，也會滿足他們的一些要求。時間久了，他們就習慣充當受害者的角色了，就會沉溺其中難以自拔。

持有受害者心態的人，遇到事件後的第一感覺就會認為自己是吃虧的，其實他真的吃了一個巨大的虧——得不到獲得感和滿足感的虧。他很難認同別人，總是帶着懷疑的、審視的眼光去環顧四周，這樣就很難在社會交往中全身心地享受各種服務。

一個人的幸福，第一個來源是感恩，第二個來源是積極情緒。感恩就是從我們內心深處湧上來的人性的真善美，但是有受害者心態的人很少會持有這種感恩之心，因為真善美的情感被他們內心的受害者心態壓住了，他們就很難享受到因為心懷感恩而帶來的幸福感。我們為甚麼會感覺到幸福呢？因為我們對自己的生活有一種滿足感，這種滿足就是積極情緒，也是我們內心最寶貴的體驗。當我們有積極情緒和滿足感的時候，就能借此保持很長時間的快樂心情。

「滿足感」還可以是對自己的一種滿意。通過對現狀的滿意，或者他人對我們的肯定和感謝，我們的內心會產生自我滿足感，甚至還會有驕傲感和自豪感，這些都是積極情緒，對我們的工作和生活狀態都有促進的作用。

二、如何應對有受害者心態的朋友

我們很難發現身邊有受害者心態的人，有可能他自己都不知道自己持有的是受害者心態，他可能一直堅持自己是對的和好的，所有的問題都是別人的錯，是別人對他不好。一般情況下，身邊的人也覺得他有問題，但是往往又不知道問題出在哪裏。所以，有受害者心態的人會讓身邊的人產生幾種反應，第一種反應是內疚感。他會做一些行為刺激你，你就會產生內疚感，這樣就能達到他想要的效果。因為他需要通過這種方式去獲益。

第二種反應是激怒。當你被激怒之後，就會生氣，就會做出一些過激的行為，然後他就會承受你的過激行為，再站在道德的制高點繼續指責你對他的傷害。他就能通過這種方式獲益了。

第三種反應不是內疚，也不是激怒，而是他會讓你把自己的善良投入他身上，去愛他和幫助他。大家反思一下自己會不會有這樣的心理，就是你遇到受害者心態的人，他總是在你面前表現得過得不夠好，能讓你產生同情心。然後你可能就會產生保護欲，在之後的日子裏陪他聊天或者給他照顧，他最後還是一臉別人欠了他似的那種受害者心態。這種沒有是非之心的善良會使你覺得受傷，很顯然，我們的善良之心用錯了地方，這一系列的幫助，在本質上其實是「助紂為虐」。也就是說，人的愛心是需要設置的，是有界限的。

因此，受害者心態的人對身邊人的影響有三種情況：第一種是讓我們產生內疚感，對他進行補償；第二種是讓我們產生憤怒感，對他做出回應，他借此在中間獲益；第三種是利用我們的同情心，而繼續獲得照顧和關懷。

有些人過去確實經歷了一些苦，也是值得同情的。本來他們早就應該走出來了，但卻不往前走，就停留在那個已經熟悉的舒適區域內。其實事情早就過了，他們也早就好了，但是，他們還是不覺得自己已經「好」了。我們對待這種人一定要小心，我們不是要躲着他們、欺負他們，也不是看不起他們，而是要幫助他們。幫助他們就不要上他們的「當」，就不要助長他們的「威風」。

那我們該怎麼辦呢？辦法是直接揭穿他們，跟他們說：「以你的付出能得到這些已經夠了。一分耕耘，一分收穫，老天從來不會虧待誰。好好幹一定會可以的。」或者說：「我沒有做對不起你的事，你不要這樣對我。」還可以說：「我不理你。」當然如果是我們身邊的人，我們要告訴他說：「這種方式對你有好處嗎？你其實可以積極一點看這個問題，你要用積極的眼光來看，你已經獲得很多了。」這也是一種「面質」的方法。

如果他去做心理諮詢，諮詢師可能有不同的方式：用人本主義的方法去溫暖他，讓他感覺到愛，最後讓他越來越覺得自己是有價值的，他也會慢慢地好起來；用認知行為的方法，就是面質他；用精神分析的方法去分析他。我覺得最好的方式是：溫暖他，然後試着讓他醒悟，讓他能夠放棄這種受害者心態。

迷思35 一個人在甚麼時候最容易暴露本性

要回答這個問題，首先我們要澄清「本性」是甚麼。這裏的「本性」是有一個隱喻或者狹義的指向，就是指一個人的真實面目，即平時不太容易表現出來的一些性格特點，或者是一個人的不良的心理狀態。而心理學角度的「本性」是在說一種平時看不到的、被掩飾的性格和心理狀態，這也是我們今天要談論的角度。

一、在親密關係內

在親密關係內，人們更容易表現出真實的自己。小孩在父母面前撒嬌了，放鬆了，那是因為安全感；那些在自己親密愛人面前原形畢露的人，甚至表現出家庭暴力，則是因為不安全感。他不敢打別人，就只敢打老婆，這是他內心的評估系統運作的結果，經過權衡得失，覺得在外面攻擊別人要付出更大的代價，所以就把攻擊行為轉向家庭中。人在親密關係中的表現可以有兩大類別：更真實或是暴露本性，這兩類本質都差不多，但是導向卻是相反的，一個是因為安全而放鬆了；另一個是因為感到不安全和不會受到懲罰而無所忌憚。

二、獨處

獨處不一定是身邊沒人，比如離開熟悉的環境，到陌生的地方，無人認識之所，這也是獨處。一個人在獨處之時，會放下以前的社會角色、身份，做回真實的自己，這樣就有可能不遵守原來的規矩了。

一個人在獨處的時候，會清晰感知自己的所作所為是否符合道德評判的標準，這就是德育的最高境界——自覺。最好的德育是形成自覺，即一個人內心認同且會主動遵守規則，而不是被人強迫所做出的行為。一個人在口服心不服時，一旦外界的壓力消失，他就容易做出不好的行為和事情。而當一個人口服心也服時，就形成了自覺，無論在何時何地、有沒有人旁觀，他的行為都是統一的。

三、在艱難處

每個人也會有自己的心理承受度。就像我們在面對輕鬆平常之事時，可以輕鬆應對；即使遇到一些稍稍超出我們能力範圍的事，可以通過尋人幫忙或改變做事的模式，找到解決問題的辦法，這樣的狀況對我們來說是沒問題的。然而當生活中發生重大的緊迫和突發事件時，這是完全超出我們的能力範圍的，也會對我們造成很深刻的影響。

當你的心理在經歷非常時刻時，你是否還能穩住？穩住了，你就保存住了自己的本性；穩不住，你的本性就會往壞的方向發展，緊接着就會做出一些不太道德或者違反法律的事情。

四、在得意時

人在得意時最容易忘形。因此你想看一個人的本性，可以看他得意時的行為舉動，也可以看他艱難處境中的行為改變，並在親密關係中的處事模式，還要看他獨自相處時的言談舉止。艱難處和得意時，實際上都有個共同的特點：都是非平常的狀態。

總而言之，無論是選拔人才，還是選親密愛人，或者是尋找合夥人，都要把他們置身於一些非常規的情境中，然後細心觀察，注意他們的行為表現。我個人覺得，平時還是少一些偽裝，這樣對自己更有利，因為平時偽裝得愈好，到時候暴露得愈徹底。除非你裝一輩子，也不會遇到艱難困苦的處境，也不會讓別人看見你得意時刻忘形的樣子，也不會走進別人的內心，跟別人建立親密關係。但如果你想做一個真誠的人，你就必然要經歷艱難、得意以及親密關係的考驗。既然早晚都要暴露，那你不如一開始就坦誠相見，對別人坦誠相見，對自己更要坦誠相見。

迷思36

為甚麼年輕人頻繁跳槽或乾脆不工作

對於這個比較普遍的社會現象，我們可以從下面幾個方面來探討。

一、教育目的方面

我們今天的教育，不論是家庭、學校還是社會，孩子的教育就是比較功利性的教育。他一出生我們就告訴他：你要聽話，做一個聽話的孩子。慢慢他就會發現，聽話就可以獲得利益。於是他就按照這個利益交換的原則行事，學會乖巧。等他大學畢業了，我們又教育他怎樣找到好工作，怎樣能夠出人頭地、賺更多的錢。當他走上工作崗位之後，他發現只靠踏踏實實地工作是不行的，還要處理好人際關係，掌握社會規則。也就是說，我們的教育沒有把自我實現的教育和幸福的教育加進來，只是一個以找好工作，要有好前程，要有地位權力為導向的教育模式。

我們的教育走了一條相對單一的功利路線，還沒有特別重視精神自我的那條路線。如果一開始這兩條線是並行的，對接受這兩條教育路線「鍛造」之後的孩子而言，他們日後所從事的工作，不僅僅是一個養活自己的謀生手段，還是他們實現自我價值的一個途徑。

二、教育的內容方面

從上看，與他們在現實中要用的東西不匹配，所以他們在工作上不能很快得心應手。很多年輕人，從大學畢業到尋找工作的這段時間，會有很大的心理落差。他們覺得他應該拿一份高薪，但是企業的要求他們匹配不上。那些知識沒有學扎實又心氣高的年輕人，一般都幹不長久，經常跳槽，在選擇和逃避中蹉跎青春。為甚麼會發生這種現象呢？因為學校裏所有的與社會中的職位需求並不匹配。能勝任的工作他們嫌薪水低；薪水高的工作他們又不能駕馭，就這樣跳來跳去幾年過去了，有的人最後還沒有找到合適的發展機會。

三、無職業規劃

高考時很多孩子和他們的父母也不知道怎麼填報志願，很多都是盲目地報考學校和專業，都是根據分數而定，對學校、對專業、對自己的興趣愛好也不了解，學校也沒有開職業生涯規劃課。這些大學生當初並沒有在最合適的時候做好自己的職業規劃，這就是現在崗位上出現頻繁跳槽現象的重要影響因素。

四、適應能力弱

很多人的工作表現不錯，但是搞不好人際關係或者自己無法適應那裏的辦公環境。沒有適應的能力，所以有的人會選擇逃避，而逃避的方法就是不斷地跳槽。

有些人的心理發育和心理成長有缺陷，即有適應障礙，他們雖然生理上已經是成人，但心理並沒有形成相應的適應能力，心理年齡還沒有成年。這也恰恰是今天我們家長和老師對孩子的心理教育和人格塑造最容易忽視的部分。適應障礙比比皆是，這還關係到這個孩子能不能成功，能不能在未來取得成功和幸福。

五、解決問題的能力差

一般的人，如果想要獲得高薪，他們就要去從事挑戰性的工作，要通過學習和解決問題獲得成長。其中，有些問題是自己能完成的，有些是要和團隊一起完成的。很多人在解決問題時，最欠缺的就是創新的能力和勇氣以及承擔責任的能力。有的人不敢承擔責任，遇到事情總是拖延，但是問題還是沒有解決，勇敢面對、想辦法解決才是正道。

這裏說的解決問題的能力不夠，主要包括幾個方面：質素不夠、創新思維不夠、解決問題的具體技能不夠、敢於擔當的責任心不夠、勇氣不夠……這些方面都是我們在家庭教育和學校教育中比較容易忽略的。現在很多家庭只有一個孩子，所有的教育資源都投在他一個人的身上。家長很焦慮，就在吃穿、報班學習、設備條件上不斷地變相攀比，導致孩子的虛榮心都變強了，家長在這些方面都要注意反省自己。

孩子考上大學，如果依然秉承着一心只讀聖賢書和衣來伸手、飯來張口的一貫作風，他們不參加志願者或者兼職的工作，也不與同學進行交往。他們畢業之後到了工作崗位上，就會暴露出來其中的劣勢了，並會有一種高不成低不就、懷才不遇的感覺，於是頻頻跳槽，不踏踏實實工作，幾年下來一事無成。孩子應該承擔自己的成長責任，他們不僅要有足夠的勇氣，還要去思考今後自己能做點甚麼，以促進自己的成長。

迷思37 「大難不死，必有後福」是真的嗎

針對這個問題，我不僅從心理學的角度解答，還從文化心理的角度來解讀。

一、經歷困境後改變了對待生命的態度

「大難不死，必有後福」的第一個道理是：當我們經歷了一些重大的人生挫折和困境之後，對待生命的態度會發生一些改變。一個人有沒有福氣，就看他過得是否幸福。幸福，用另外的說法可以表達為福氣、福報和福德。這裏所說的幸福主要取決於心境和心態。人生不可能永遠一帆風順，遇到問題之後，我們的心境、心態是怎樣的，往往決定了接下來的主觀幸福感。

我們在平淡的日常生活中，極少去思考生和死的問題，只有在遇到重大事件或災難帶來的強烈內心刺激之後，才開始去思考，這就把我們的關注點從原來的生活瑣事，拉到了生命的本質這個高深的層次來。在思考這些問題時，我們的心能沉澱下來，能夠

慢慢參透生活的本來面目，也慢慢地學會了享受生活的樂趣了，這也是一種追求幸福的方式。

二、對於能撿回自己的生命心生感激之情

遭遇了重大的事件和災難，卻沒有被奪去生命和遭受巨大的損失，這會讓這些跨過一次「鬼門關」的人，對於能撿回自己的生命心生感激之情。平時，我們要培育感恩之心不太容易，但當我們經歷了重大的挫折和大難之後，內心真正的那股感恩之心就會形成。

所以說人的心境、感恩之心以及對生命和死亡的重新認知，共同促使我們在歷盡千帆之後，對自己生命的態度發生了巨大的轉變和醒悟。從日常生活中的渾渾噩噩，到醒悟過後的認真與經營，這種正向的轉變往往讓人們更加幸福和精彩。這可以算是一場福報了，也可以算是「大難不死，必有後福」。從本質上講這是人們在心理上解讀生命的態度的一種變化。

三、對待生命的體驗

人生是由個體在不同的時段的不同體驗組成的。體驗是外部的環境對我們的身心進行刺激而產生的感受。大難就是那些重大的體驗，這種體驗的深度和厚度是個體能承受的頂峰，而我們體驗過這些大風大浪之後，那些生活瑣事的影響便不值一提了。所以，孩子在形成人生觀的時候，不要讓他們過早地走入順境，人生太順利了不是一件好事，而是要有一些苦難和艱難的體驗，當順利地憑藉自身的調節能力經歷過這些體驗之後，孩子們的生活味道會更甜。

四、中國文化與這句話的關係

「大難不死，必有後福」這種總結在生活中比較常見，是經常用於自己遇到困境時的自我安慰和自我疏導。還有對應的一個詞語叫「塞翁失馬，焉知非福」，這兩者有異曲同工之妙，它們指導着我們在遇到困難和挫折的時候怎樣梳理自己的心理，讓自己渡過心理難關，從心理困境中走出來。

以上的說話都反映了我們有一種思維，叫正念思維。當我們發生了不順利的、困難的、挫折的事情，就會啟動正念思維訓練去面對外界的互動，以及我們所產生的不如意和衝突。從這個角度來說，中華文化的這種正念思維，恰恰也是我們集體文化心理的體現。我們的集體心理中就有「大難不死，必有後福」的感受。當我們的生活中發生重大苦難的時候，這種心理文化優勢就會體現出來。

第六章

個人成長

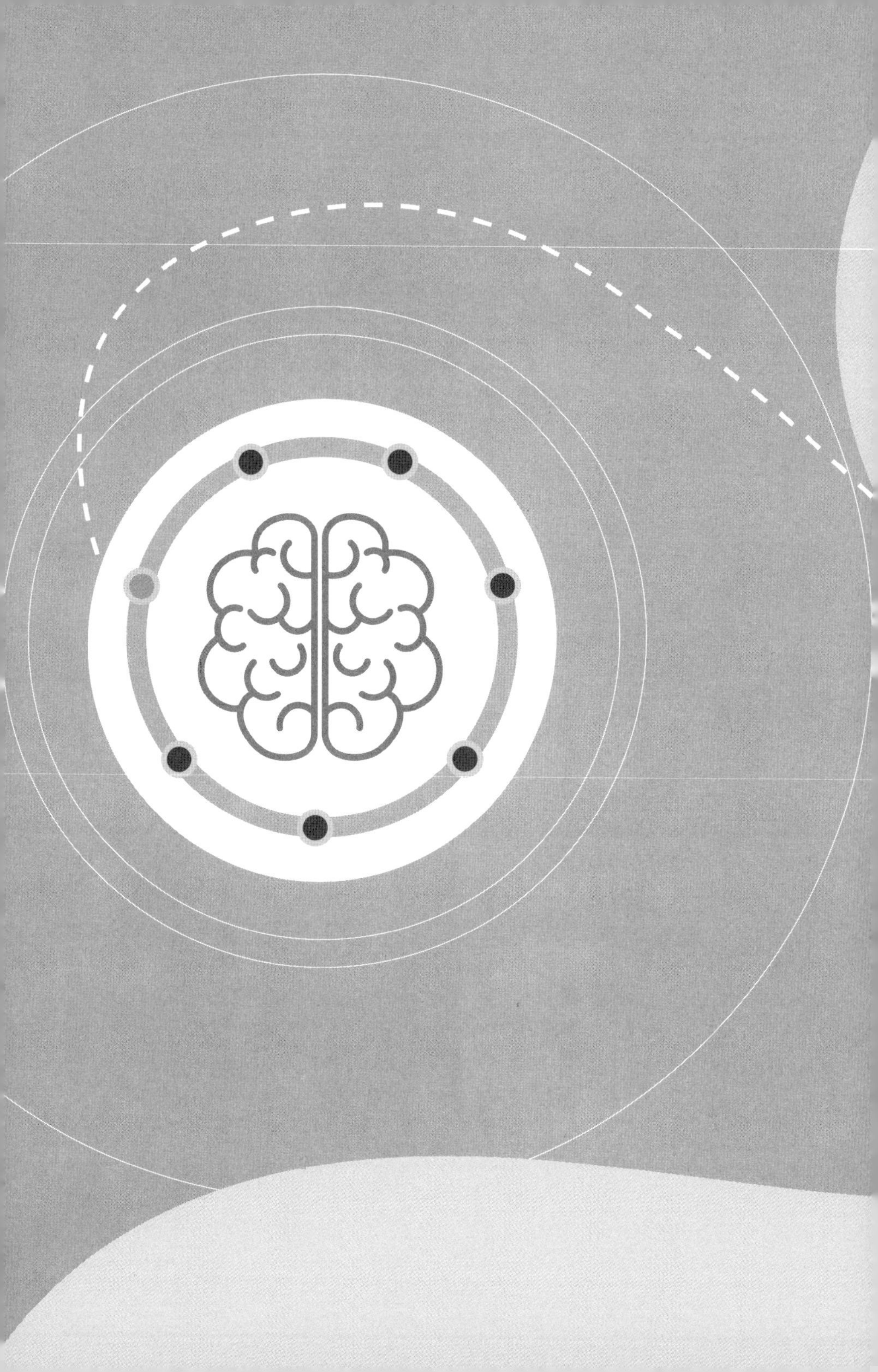

迷思38 內向的性格一定不好嗎

關於性格內向的話題，相信很多家長都對此感興趣。圍繞這個主題，我就其中一些方面進行層層深入的探討。

一、性格內向、外向是否有好壞之分

從心理學的角度來看，性格主要由氣質決定。氣質是一種相對不變的生理特徵，它受神經感覺系統的影響。有人會覺得抑鬱、易怒的氣質不太好，或者會覺得性格較內向的人容易患上抑鬱症等等。其實這些都是對氣質的刻板印象，無論是哪種氣質類型，都是一種個性特徵，沒有優劣之分。

每種氣質類型都有各自的優勢。內向的人性格比較內斂，且善於思考，內心比較穩定；外向的人活潑好動，反應相對較為靈活。性格內向和外向是由氣質類型所決定的。如果一個人心理健康、人格完善，那麼他的性格無論內向和外向，都是沒有問題的。

二、為甚麼人們對待內向和外向的態度會有不同

既然內向和外向沒有好壞之分，可為甚麼人們在對待內向和外向的人的態度上會有不同呢？外向的人很少會覺得自己有問題，而內向的人常常覺得自己有問題。所以接下來我們就從兩個方面來分析一下，為甚麼大多是性格內向的人不滿意自己的性格。

1 提出問題的人本身性格不太完善

在提出問題的這些人中，既有內向型的人也有外向型的人，他們都因為性格不太完善，覺得自己有問題。也就是說，認為自己性格內向的人，其性格中有一部分其實是外向型的。因為他們的性格有一些缺陷，即心理不夠健康，所以他也把自己歸為性格內向的人，這樣的人是性格不健全的。

在人際交往上，他們往往過於敏感或自卑；在行為上往往會採取一些不良和不健康的行為，如逃避、攻擊、退縮等；在認知上可能會對自己的評估不太合理，比如，認為自己在人群中是不太受歡迎的，那麼其在認知上對自己的評估、對待別人對自己的評估，都會出現偏差，導致他們對自己的這種性格不接納和不滿意，認為自己是有問題的。但是這類人不一定是性格內向，也有可能是外向的。

2

面臨外部的文化環境的壓力

這個人性格上沒有毛病，也並不是過於自卑，且並沒有性格上的不健全，但他面臨着外部的文化環境的壓力。為甚麼提到文化環境的壓力呢？舉個例子：我們都認為活潑開朗的小孩就是正常的，如果誰家的孩子不願意說話、不願意叫人，大人就會發愁和焦慮，就會強迫孩子說話，然後孩子就只能不情願地照做。不管這孩子的性格本身是內向的還是外向的，大家都會覺得他沉默和不願意與人交流是有問題的。其實他本身就有一種內向的氣質類型，他很健康，並沒有任何的心理問題，只是因為承受了身邊的文化環境造成的壓力而變得沉默。

文化環境的壓力由三個原因造成的。第一種是育兒焦慮症。很多家長有育兒焦慮，他們害怕自己的孩子不成才和不夠聰明，也害怕孩子長大之後不能取得成功，逐漸形成了強迫孩子展示才藝以得到周圍人好評的「文化」。

第二種是成功的焦慮。看到社會上急功近利的現象，會給我們造成一些對成功的渴望和焦慮。這會讓我們覺得外向的人更容易把握住機會，因為外向的人看上去腦子更靈活、反應更快。但是事實上，內向的人雖然反應不快，卻可以很穩定。

這些因素無論是對大人還是對小孩，在其成長、學習和工作中都能造成一種文化的壓力，讓我們對那些原本正常的人的性格產生了錯誤的認知。無論這些人是外向的還是內向的，在這些壓力的影響下，我們在看待他們的時候就會覺得他們不正常，當這些人被特殊看待的時候，他們可能就覺得自己有問題了，進而開始嫌棄自己。

三、人們應對文化壓力時的反應行為分類

其實在面對這種文化壓力時，人們是會做出反應的。我們看到的年輕人做出的反應中，主要分為以下兩種類型。

第一種，以順應的方式回應這種文化壓力，這樣就產生了一些流行於民間的亞文化，像「快餐文化」，展示了他們典型的表演型性格，其實這不是他們真實的面孔和性格。

第二種，用逆反的方式來回應文化壓力。比如「宅文化」，崇尚宅文化的人每天就宅在家裏，哪裏也不去也不見人，所以現在宅男、宅女多了，這其實就是對拒絕社交，反感人際關係的一種回應。還有另一種文化，即「喪文化」，是對不思進取，不想努力的一種回應。

四、我們要不要改變性格

在探索了前面的兩個話題之後，我們就要問問自己，還要不要改變自己的性格？

第一，如果我們心理上是健康的，人格上是健全的，那麼不論是內向還是外向，只要你自己能接受就好了，如果我們自己能接受現在的狀態，就不要去試圖改變性格了，因為沒有必要，我們本身自帶的這種氣質類型是由生物基因決定的，也很難改變。第二，如果我們真的是性格上有一些不完善的地方，那就可以適當地做一些調整。怎麼去調整呢？

1 從自我建設開始，消除自卑，增強自信，感受自己的價值

我們可以有意識地多做一些讓自己覺得有價值的事情，在這些做事的過程中找到自己的掌控感。本質上，我們不是要去改變性格，而是使自己發現真正的自我，這才是我們主要的努力方向。具體點說，平時可以給自己「點點讚」，多做一些積極的表述和總結，這個找回自我的過程需要靠自己，而不是靠別人。

2 多走出去，多和別人交往，多去參加一些活動

很多時候，我們認為別人對我們的看法，都是我們自己認為的，都是我們自己想出

來的。因為我們的人格不完善，以至於很多時候會把一個人對我們不好的評價當成所有人對我們都有不好的評價。我們要和別人互動，要展現自己，要積極地去相處和交往。

3 經常給自己積極的心理暗示

有時候，人們真的需要告訴自己：我其實還不錯。我也許跟別人不一樣，也許沒有那麼的優秀，但是我有我自己獨特和優秀的地方。每天早晨起來照鏡子的時候，給自己一個正向的評價，給自己一個積極的暗示。

4 讓自己的生活豐富起來

正是因為生活過得不豐富，所以平時才會想得太多、情緒多，才會對自己產生不滿意的感覺。當我們的生活變得豐富多彩之後，就會發現生活還有很多的路可以走。當我們在忙忙碌碌中讓自己充實起來時，就不會胡思亂想，也就不會產生負面的心理問題了。

迷思39 如何培養健康的性心理

對於「如何培養健康的性心理」這個話題，我想從三個方面展開來說。

一、正確認識性知識、性倫理、性道德

性心理和性生理知識的缺乏，導致人們對待性的態度的不良認知，進而影響心理，產生壓力和衝突，最後導致其在心理上產生困擾，最嚴重的時候甚至會造成心理上的疾病。所以，在孩子的成長過程中，一定要對其進行性知識方面的教育和普及，當有了正確認知後，就不會產生那麼多心理上的困擾。

二、樹立正確的性價值觀

不同的文化，對待性的態度和遵循的性倫理規則也是不一樣的。

對男人來說，存在着確認下一代遺傳基因是否真正屬自己的問題。如若不是，那麼

就會白費了多年的經濟和精力投入，這將是一種嚴重的失敗。而女人卻沒有這種壓力，孩子是女人生的，所以她沒有「孩子是不是我親生的」這種問題的困擾。男人有這樣的困擾，就需要這樣的保護。如何保護呢？就是不讓自己的女人和別的男人發生性關係。所以，在人類的生理、經濟結構、文化等的進化中，就對女人的性制定了種種約束，這種約束，慢慢就產生性壓抑、性恥辱、性禁錮等價值觀，這些扭曲的價值觀在農耕時代和封建時代影響深遠。到了工業時代，女人可以參與勞動成為工人，可以養活自己，慢慢就有了女權主義革命、性解放運動等系列為女性解除性禁錮而產生的運動。

今天的人類社會已經不需要性禁錮，人人都有權利去享受自己的性快樂。在這種背景下，我們曾經的性羞恥感、性禁錮、性壓抑的思想，且「談性色變」的狀態，也就不適合現代社會了，我們應該樹立符合時代發展的性價值觀。

人人都有性權利。青少年情竇初開，有一些性幻想是正常的，不能壓抑他們，壓抑只會傷害到孩子的心靈，不會對他們有任何幫助。所以，樹立正確的性價值觀是非常有必要的。性心理健康教育是我們整個社會都需要的。

三、從小學開始進行性心理教育、培養健康的性心理

當孩子問父母：「我從哪裏來的？」其實這就是一個性問題。「你從媽媽的子宮裏孕育而出，是精子和卵子的結合。」這個回答本身就是開始了性教育。性教育包括性倫理、性活動、男女的交往、性別的意識，還有自我的意識、自尊和人格等。比如，女孩子有獨立的自尊自我，她就會愛惜自己的身體，她就不會輕易地去用性交換達到自己的一些目的。從廣義的角度看，這也是性教育。

我們的家庭、學校、社會都應該普及科學的性教育。在親子教育中，父母要和孩子好好地溝通，這是人之常情；在學校教育中，老師要樹立正確的性價值觀，提高自己的性心理健康水平，並對學生進行性教育；在社會教育中，在性心理教育這一方面，也需要有更加健康與科學的引導及學習。

迷思40 如何建立信任

我們先來探討一下甚麼是信任。信任主要是一種心態的體現，因為它涉及一個值不值得相信和能不能相信的問題。

從另外一個角度來說，我相不相信你，還要看我有沒有相信的能力。前者是外部客觀的條件，是不能改變的；而後者是從主觀的角度，這個是可以改變的。我能主導我自己，但我不能主導你。你值不值得別人信，我是沒有辦法去改變的；而我能不能夠相信別人，取決於我能否提高我相信的能力。所以，信任主要是指「我」的一種心態，就是我能不能夠信。

如果我們總是找客觀原因，總是在要求人與人之間的關係應該如何和期待着外部世界的改變，而從來不反思自己是不是做得不夠好。很多人信任水平低，並不是因為外部的世界不值得信任，而是個體的內部世界沒有信任能力，這才是關鍵的。

一、改善心態和提高相信人的能力

在建立信任的過程中，心態和能力如果不提高，外部環境或者人即使是非常值得信任的，你也不見得能夠相信別人。所以，首先我們要做一個值得別人信任的人，要信守和踐行諾言以保持誠信，要有值得別人信任的心理保證。其次，我們要有相信自己和他人的一種能力。

相信的能力其實就是由生活的選擇所決定的。有的人疑神疑鬼難以信任任何人，這種是相信能力低的人；有的人容易共情、理智判斷，更容易做出正確的信任決定，這種是相信能力高的人。其中，相信能力低的人，其實是有認知上的謬誤，他會覺得自己凡事都要防着一點，一直秉承着「防人之心不可無」的價值觀，因為這樣他就不會吃虧，其利益就不會受到損害，進而實現利益的最大化。這其實是認知上的問題，很多有「防人之心不可無」這樣心態的人，不得不把大量的精力放在提防別人上。

二、多嘗試、探索和追求成長

我們應該把大量的精力放在去嘗試、探索和追求上面，而不是放在防禦、謹慎和小心上面。因為人的時間、精力是有限的，我們過度專注防人，就沒辦法分配出相應的精力去爭取進步和發展的機會了，而學業或者事業上更多的可能性也會錯失掉。從人們發展的利益角度來說，這種時刻提防別人的態度，以及這種態度中的「經濟賬」和「幸福賬」，實際上是得不償失的。

而那些寧願吃虧也要選擇相信別人的人，可能相信別人十次中有一兩次是吃虧的，吃完虧之後，至少他會明白在這方面不能再吃虧了，也會知道這個人是不值得信任的，不留戀於吃了多少虧，而是去看自己在這個過程中能有多少獲得和成長。這種大膽地把自己放出去的心態，吃的虧總是比學習到的或者得到的成長機遇要少，相信別人而獲得的利益總比不相信而失去的利益要大。但是那些總把精力放在「防人之心不可無」上的人，可能吃的虧會比那些願意相信別人的人少一點，但是，他們可能永遠沒有比別人賺更多錢的機會，或者永遠不會有獲得更多發展的機會，因為過於謹慎，會失去先機。

充實感如何產生

首先，我們來看「充實感」有怎樣的內涵。如果說充實感是一種情緒的狀態，那麼它就是一種積極的情緒，不是空虛的，不是無聊的，也不是孤獨的，而是感覺到充實的一種狀態，是一種積極的情緒狀態。

那麼它是積極情緒的哪一種呢？是熱情、是滿足，還是驕傲、自豪、愛和興趣中的一種？它不屬具體的哪一種積極情緒，而是多種積極情緒的綜合體現。充實感屬心境，是一個人在長時間內的一種穩定心理狀態的體現。

一般情況下，心境是一種不太容易產生變化的心理狀態，不會馬上就消失，然後馬上又重來，而往往會保持一段穩定的時間。所以，從幾個方面來講，充實感是多種積極情緒的複合情緒的體現，它屬心境的一種狀態，也會保留一段時間。如果它無法保留一段時間，可能也就不能被稱為充實感了。

當下的社會中，如果有人能持有這種充實感，其實是很珍貴的。也就是說，很多人很多時候並不一定會有這種充實感。因為現代快節奏的社會發展和各方面的壓力，積極情緒普遍偏少。況且現在，心理患病的人群數量在逐年增加，人們的幸福感有時候並不容易獲得。這就說明積極情緒很珍貴，不太容易獲得。人們很難有熱情，即使有了熱情之後，也很難持續下去，很多人在一個領域的發展會因為各方面的原因導致半途而廢，一個人很難真正地擁有滿足感，反而隨時會產生「還要再努力一下」的焦慮感。

一、透過積極行為充實內心

那麼，如何才能獲得更多的積極情緒呢？積極的情緒可以通過行為去獲得，可以通過更多的積極行為去產生更多的積極情緒。甚麼是積極的行為呢？比如去做許多幫助他人的行為或者工作，通過這些行為或工作，我們會獲得感恩的體驗。

在幫助他人的過程中，我們也體現出了自身的價值。積極的行為是可以讓我們獲得利他、奉獻和知足等積極情緒的，可以讓我們獲得一些安全感，最後讓我們在認知上產生變化。也許我們目前的許多行為都是消極或者負面的，比如，我們感覺到壓力了，就去放鬆，但是放鬆的過程中仍採用的方法是不健康和不積極的，這會讓我們在放鬆完之後更加空虛，有一種感覺自己被抽空的荒誕感。這時當事人不但不會產生積極的情緒，還可能有諸如焦慮、恐懼和孤獨感等消極情緒的滋生。所以，我們應該長期保持自己的積極行為，這樣就會不斷產生積極的情緒。我們會保持這種積極情緒狀態下的心境，充實感也可以持續下去。

二、追求自我價值的實現

當然，如果我們想讓自己的心境長期保持這種充實感的狀態，那就需要下更大的功夫，做更多的事情。比如，我們要把自己的行為更多地轉向對意義層面的追求，從只是單純地實現物質方面的滿足而獲得快感，轉變到自我價值方面的實現上，也就是說我們可以做更多的精神層面、價值層面以及意義層面上的追求。長期進行這些意識形態方面的追求，就可以保持着這種充實感的心境不變。當保持的時間長了之後，這種持續的充滿滿足感的心態，就會成為人格的一部分，就會形成一種個體獨特的氣質和風格。

個體發展到這種狀態之後，外部有甚麼困難、挫折，也就不可能影響到個體的情緒了。

迷思42 如何每天都開心

開心是有層次的，低級的層次是快感所帶來的臨時滿足感；高一點的層次是快樂或者是當下做某一件事情帶來的愉悅；再高一點的層次就是幸福，是可以持續的一種幸福感。如何讓開心可以持續？其實這就是追求快樂更高層次的話題。

一、保持感恩之心

我們要有一個快樂的源泉。根據積極心理學家和幸福心理學家的研究，感恩是快樂的根源之一。如果我們要獲得幸福感，就一定要有感恩的能力。感恩可以讓我們更加快樂，是心裏的幸福資源打開的一種狀態。在這裏，感恩不是一個道德的詞語，而是一個心理學的詞語。

當一個人開始感恩，說明他已經體驗到了因為他人的幫助和外部的人們對他的愛而生出的一種喜悅感。他感覺到從心底有一種泉水湧上來，由衷地覺得自己被別人關注和關愛到了，也能感受到自己是有價值的，這就是一種感恩的狀態，於是他就會給予回報。

感恩不是外部要求「你應該做出甚麼樣的行為來回應」或者是「我覺得我作為一個人，應該要如何行動」，這些都是外部或者內心的道德施加的壓力下產生的行為，這只是一種認知和情緒體驗等淺層面產生的行為驅動力，而不是發自內心的主動的行為。

二、多做積極的、助人的事

我們要獲得快樂，就要去做很多積極的事情。比如，通過學習獲得收穫知識的快樂，和親人一起玩耍，享受親人間的天倫之樂，在工作中得到一個獎章等等。這些價值感和積極體驗都會讓我們快樂，有持續的快樂。

那麼，甚麼是讓自己有價值感的事情呢？奉獻和利他性質的事情就能讓人產生價值感，讓他人因為你的行為而獲益就是助人；如果你去幫助別人，別人能因為你的行為而受益，你其實也能獲得一種價值感。這種價值感一旦產生了，就像種下了一棵樹，它在無形中發芽和生長，你做的利他和奉獻的事情愈多，就像是你在不斷地為它澆水施肥，你種下的樹就愈枝繁葉茂，然後你就可以在樹底下乘涼了，關鍵的時候，它還能為你遮風擋雨。你不斷地去做幫助他人的事情，心裏就會產生出力量和價值感，還會有一些美好的體驗。

三、多去追求「意義」

快感是短暫的，快樂又需要不停地去做積極的行為，只有追求精神層面的自我實現，你才會獲得高層次的、更多的快樂。從社會現狀來看，人類對於「意義」的追尋態度淡漠，人們不幸福的體驗越來越多，也導致了一系列心理問題的產生，所以我們在吃飽穿暖之後應該多追求一些「意義」。

「意義」有時候是苦的、難受的、困難的，但它卻是幸福和快樂的。在追求「意義」的過程中，我們雖然也經歷過平坦，但也要經歷挫折，如果我們在人生的過程中，把那些不舒服的人、事和體驗全部避開了，也就失去了很多讓自己轉變和成長的契機。人之所以為人，就是因為有人性中對於精神自我和意義的追求。所以，一個人想要長期的、永久的快樂，最終還是要有對意義的追求。

很多時候，人們只是在追求表面層次的快感，而投入一件事，在學習中體驗到尋求知識的滿足感，這就是快樂。然後去做一些超越自我的事情，追求一種生命的狀態，在科學世界、人文世界、社會事務以及慈善事業等各個領域，在這些領域去尋找生命的意義和價值，這就是高層次的幸福感。

迷思43

人要經歷甚麼事才算真正的成熟

通常在發生了一件事以後，社會和鄰里的輿論中，往往是公說公有理、婆說婆有理的狀態。發生的事情只是我們外部的一些事情，我們更需要關注的應該是這些事情發生以後當事人內心的具體體驗。如果我們在經歷了這些事情之後，內心產生了巨大而深刻的體驗，從而產生了一種顛覆性的、從未經歷過的衝擊，然後我們的心智和原來對事物的認識，就會產生突發性的變化，最後可能就會大徹大悟。

所以發生了甚麼事情不是最重要的，最重要的是發生了這個事情之後當事人的具體體驗。經歷的事情是重要的，而體驗是更重要的。

一、從體驗的角度看心理的成熟

如果要把心理成熟這個概念說清楚，那就要從體驗的角度來說，而不是從事情的角度來說。同樣發生了一件事情，在一個人身上會有深刻的體驗，在另一個人身上可能就不會產生這樣的體驗，也就不會造成心理上的衝擊，畢竟人的內心是複雜的。因為不同的人在經歷同一件事的時候，其內心的體驗是不一樣的，所以接下來這些人的行為就會不一樣，到最後各自的命運也就不一樣了。

自然界的春夏秋冬，不是由人為來決定的，人們高興也好、不高興也好，自然界的春夏秋冬都會過去，每到過年，就意味着你又走過了一年的光陰。但大家各自心靈的四季卻是可以自己掌控的，如果某個個體不願意走過一個季節，比如，你一直活在心靈的春天裏，一年過去了你還是待在春天裏暢想和空談，那你就沒有到心靈的夏天、秋天和冬天去進行體驗和成長，所以到了自然界的第二年，你雖然生理上又長了一歲，但是你的心理還是活在春天這個季節。

總是活在春天裏的人可能是幹不成事的，因為他總是處於不成熟的狀態；總是活在夏天裏的人，雖然他熱情似火，但是他太暴躁，所以他也是不成熟的；總是活在秋天裏的人，是在迷茫、選擇、衝突中度過的，所以他也是不成熟的；總是活在冬天裏的人，常常心生恐懼的感覺，這也是不行的。

二、與心靈四季同行

我們要常常問問自己處在哪一個季節，問問自己為甚麼不敢向前走。不成熟往往和體驗有關，成熟也和體驗有關。如何讓自己成熟，快一點成長起來呢？我們當然不能拔苗助長，也不能催熟，我們要做到的是與心靈四季同行。

與心靈四季同行，就要與大自然的四季同行：春天的時候要春生，夏天的時候要夏長，秋天的時候要秋收，冬天的時候要冬藏。心靈的四季也是這樣的，我們要一個季節一個季節地走過去，希望那些一直停留在某個心靈季節的人，趕快走出現在停留的那個心靈季節，坦然面對自己的喜怒哀樂，接受不完美的生活。

如果你停留在那裏無法走出來，可以去尋求專業的幫助，專業的心理輔導師可以幫助你盡快走出你現在停留的季節，讓你心靈的四季正常地運轉起來。希望大家都能做到與時間同行，做一個走過自己心靈四季的人。

迷思44　怎樣克服自卑心理

自卑是心理健康的一個大主題，在心理輔導的案例中，有相當一部分是人格和自我的問題，而這些問題中有很大一部分是直接或間接和自卑有關。我們圍繞這個話題着重探討一下如何克服自卑，主要從以下幾個方面來分析和闡述。

一、創造價值，讓事實勝於雄辯

自卑的人很難認可自己，很難找到自己的價值，經常會覺得自己沒用，覺得自己不能實現目標和創造價值，所以他們會通過一些行為去實現價值的創造。如果他們一直處於這種自我否定的情緒和思維中不能自拔，還不如跳出來，先從小事做起。

現實生活中，有些人覺得自己人格不夠健全，然後通過學習找到真正的原因是親子之間愛的缺失，或者是童年的創傷性經歷，他們會去參加一些工作坊和相關的心理分析的課程，卻在生活中從來不做有價值的積極行為。還有一些人，雖然也不知道原因，但他們會去積極、勤懇地實踐價值或者努力創業，靠自己的勤勞去養活一家人。這些人經過努力，慢慢地就會發現自己是有用的，是能夠成為家中頂樑柱的，是不比別人差的，這就是典型的通過實踐來填補由於自卑給自己人格帶來的缺陷。這時，已經走在踐行積極行為的第二批人，和第一批只顧在意識形態上追根溯源的人相比，已然走在了前列，而那些到處去了解自己自卑來源的人，仍然還是自卑的。所以，我們了解自卑、分析自卑沒有甚麼不對，但最終還是需要自己通過實踐去克服自卑，要自己去創造價值。

二、克服自卑，從改變肯定模式開始

自卑的人的肯定模式不是自我肯定，而是他人肯定，其典型的特點就是總在想別人認為我行嗎？我如果這樣做，別人會對我有甚麼樣的評價？這就是他人肯定的模式自卑的人要改變這種肯定的模式，要將肯定的決定權從他人轉移到自我身上，要學會找出自己的長處。肯定的內容可以各不相同，要根據自己的實際情況來，就是要有具體的肯定內容，每個人都可以找到自己值得肯定的地方。當然，這種自我肯定是自我鼓勵，不是自我表揚，自我表揚是空洞的，自我鼓勵是實實在在、有證據的。

當我們想要被別人肯定時，首先要想一下能不能自己肯定自己。如果自己能肯定自己，那就不需要別人的肯定了；但如果自己都不能肯定自己，別人給予的肯定也是空洞的，所以要把肯定模式從他人肯定改成自我肯定。

三、建構未來

自卑的人沉浸在當下自卑體驗——無力感和否定感中，很難對未來做出合理的規劃。所以，要播種希望、堅定目標和樹立理想。如果有希望，我們就可以去樹立目標爭取實現這個希望。

四、培育積極情緒

培育自己的積極情緒，就是要培育自己的滿意感、驕傲感、自豪感、興趣、好奇心以及表達愛的能力，如果我們內心是喜歡別人的，那麼就不要讓自己板着一張臉，要讓自己多一些熱情，這些熱情體現在心情上就是積極情緒。培育我們的積極情緒是要靠我們的積極行為，積極行為多了，積極情緒就多了。

迷思45 如何告別「窮忙」

在回答這個問題之前，我們需要先了解一下甚麼是忙：忙是一種自我失控的狀態，也是自我的一種「心理死亡」的狀態。那麼我們如何來告別窮忙呢？

一、樹立方向，明確目標

當沒有明確的目標時，我們就會陷入一種麻木且盲目的狀態。每個人都在做自己的事情，但有的人感覺到的是充實，有的人感覺到的卻是盲目，這兩種狀態的區別就在於我們知不知道自己在做甚麼。我們對正在做的事情全域認知，就是我們真正想要去做的，就在於我們追求的是不是自己真正想要的理想生活。

很多人之所以覺得累，就是因為做的事情並不是發自內心想要做的。如果一個人內在和外在是統一的，那他目前在做的事情一定是他喜歡做的事情，他不僅感覺不到忙，還會很享受這個過程，感覺到充實、舒服和自在。如果一個人從心底裏不認可和不喜歡自己正在從事的工作，那他體會到的只有麻木和盲目，同時他還會感覺到累，感覺到停不下腳步。正因為沒有做真正的自己，任何的忙碌都不能給他帶來快樂，經濟效果也不會很好。他不是真正地在為自己的人生幸福着想，不是為了心中的目標在主動地奮鬥，所以只是一種窮忙的狀態。

如果要告別窮忙，我們就要去做規劃，然後進行細化，具體到每月做規劃，每天做規劃。當我們對自己的目標變得明確和清晰時，就是逐漸告別窮忙了。

二、勇於選擇，堅持初心

因為沒有目標，我們會出現窮忙；而通常情況下，可以供我們選擇的目標太多，無法選擇，這其實也不是一件好事，我們仍然會出現窮忙，因為我們缺乏做出選擇的能力。人和人的發展不同很大程度上與選擇有關。選擇就是要知道自己該做甚麼和不該做甚麼，當然，這只是選擇能力中比較初步和淺顯的一部分，最重要的是，自己能夠堅守這個選擇，還要把這個選擇落到實處。

其實大多數人心裏都清楚，做這件事情是對的，做那件事情是不對的，先做這件事情是合適的，後做這件事情是不合適的。但是，很多人卻不能按照事情的輕重緩急和重要程度去進行實踐，因為他們沒有選擇能力，或者說選擇能力比較弱。

當面臨的情景或事物都是自己想要的，但我們只能選擇其中一個時，就要綜合各方面的因素做出選擇。很多人其實知道自己想要選甚麼，但是他們下不了決心去選。所以，我們要告別窮忙，就需要做出選擇，就要堅持自己的初心和本性。當然在選擇的時候，我們肯定也會面臨着失去，所以在選擇時，勇氣也是不可缺少的。

三、放下瑣碎，救贖內心

想要告別窮忙，就需要「該出手時就出手，該停下時就停下」。我們需要暫時停止所有導致自己忙的瑣碎事件，解除所有瑣碎事件對心臟的壓迫，讓這顆過於操勞的心重新復甦。從行為上怎麼去做呢，就是先停止一切對瑣事的關注。叫停之後，我們的心靈和精力就會得到暫時的恢復與修養，就會很快地「活」過來了。

通過以上解讀，我們知道了告別窮忙有三大法寶：樹立目標、進行選擇和懂得停下。當我們在這三個方面都做得很好時，只需勤奮、努力地往前走一切自會迎刃而解。

迷思46 如何擺脫「操心的命」

我們從以下幾個方面來談論這個問題。

一、操心的價值和意義

1 第一個價值：責任

這裏的操心是指為別人的處境和狀況操心，也叫作操別人的心，按照擔心的對象而言，還包括操團隊的心、操家人的心、操和自己有關的和在意的人的心，以及操我愛的和愛我的人的心。操心是一種責任的體現，操心的人是負責任的，有時候也在為別人承擔責任，或者為這個團隊承擔責任。

2 第二個價值：維繫良好關係

一個群體中如果沒有操心的人，那麼這個團體所有成員都會是一副事不關己的樣子；團體中沒有操心的人，時間長了，這個團隊的人心就不會齊，走到最後就會面臨解散的結局。家庭也是同樣的道理，如果家庭裏的成員們都是各自為政，誰也不干涉誰，這個家可能就是一個沒有溫度的家。如果家裏有一個默默付出且操心的人，那在整個家庭中就會形成一個情感關係的紐帶。

3 第三個價值：自我肯定

操心的人通過操心的過程，滿足內心的自我存在感，獲得自我肯定。我們都渴望他人認同自己，都渴望通過他人的肯定來增強對自我的認同，操心是實現自我價值的一種體現。而且操心和「多管閒事」有異曲同工之處，但是這種「多管閒事」含有一種社會責任感，也含有一種團隊的和重要他人的親密關係的使命感，這兩個層次也是不一樣的。

那麼我們怎樣做才能使操心的人不那麼辛苦呢？操心的人本質是想通過操心去達成目標，具體而言，就是通過操心達到家庭的和諧，讓家人和愛人幸福，並發現自身存在的價值。

有的人會說「操心得有點累」，這裏說的「有點累」，含有幾個方面的意思，一是發現沒有完全做自己；二是想改變這種生活模式，不想一成不變地這樣生活；三是開始懷疑按照目前的生活方式一直這樣過下去，到底值不值得。如果我們要變，應該怎麼變呢？原來我們的生活模式總是替人操心，現在要建立一種不那麼操心的模式。所以，當我們甘心情願的付出都不被認為那麼重要時，就要好好為自己考慮一下了，開始改變自己，建立自己的生活和思維模式。

這三個階段就是變軌的過程。也許很多人變軌的過程並不是那麼盡如人意，原因就在於意識層面上放不下過去慣了操心的方方面面，總以為這個家離了自己就不行了。

二、操心變軌步驟

那麼我們接下來探討一下如何進行具體的變軌。

1 第一步：放下

有些問題你要自己想清楚，家人之間雖然是很親密的關係，但是也要有充分的界限感，不屬你的能力和管轄範圍的事情，你就要坦然放下。放下之後，關注點回歸到自己的自我價值實現和自我愉悅上。其實，操心本質上是沒有問題的，問題是到了一定階段之後，要把操心的重點進行變化的回歸。

2 第二步：啟動變軌模式

這個長期「操心」的狀態，所持續的時間短則一年半載，長則三五年、十來年，可能一朝一夕很難變過來。有的人就是操心了一輩子，到最後就根本轉變不過來，一邊心累一邊操心，就這麼過了一輩子。我們要轉變，要開啟新的生活模式。

3 第三步：重新開始新的生活

這就要求人們把一部分精力放到自我的快樂上，放在精神的追求上，放在利他、社會價值的實現上。同時還要不斷地告誡自己，有些事情可以不用像以前那麼操心，這樣放手一部分之後，情況也壞不到哪裏去。你應該把關注點放在自己的身上，要熱愛你自己。所以往往對別人的事情過於操心的人，最後都會產生倦怠，這種倦怠的原因就在於：你所做的勞動得不到價值的體現，所以要尋找新的價值點，為自己的幸福和人生意義找出口。

從心理學的角度來說，在不同的階段，每一個人都需要為自己人生的幸福和意義找到新的根據地和出口，這種尋找的過程和結果，要比擺脫操心的命運更重要。因為當我們找到這些時，自然就會擺脫這種命運的束縛。

迷思47 如何管理自己的情緒

古人說：「不以物喜，不以己悲。」那我們如何才能做到這種境界呢？

一、對待情緒的態度

對待情緒要有合理的態度，從情緒的具體分類來說，情緒分為喜、怒、哀、樂、悲、恐、驚這幾種；從情緒的功能性分類來講，有消極情緒和積極情緒兩種說法。愛、喜悅、興奮和歡樂等推動人向上的情緒，能使人的身體和心理處於高效反應狀態，我們把這些情緒統稱為積極情緒；而那些壓抑和下沉的情緒，比如悲傷、憤怒、焦慮和煩惱這些情緒，我們統稱為消極情緒。

從進化心理學的角度來探討，情緒是沒有好壞之分的。比如，恐懼讓人隨時處於對外部刺激事件的敏感和防禦狀態，如果我們不知道害怕，就會無法及時察覺周圍確實存在的危險因素，那將是非常可怕的事情。所以，恐懼是人的一種自衛和緊迫的本能。

我們要學會接納自己的情緒，對待情緒就會更加客觀，更願意將這個過程稱為情緒的管理和相處之道，而不是控制情緒的方法。如果有人說自己有控制情緒的方法，這說明他還沒有接受自己所有的情緒，他不允許自己那些負面的情緒出現，所以把情緒的管理叫作情緒的控制。但是事實上，情緒是不分好壞的，我們只要合理地看待它、接納它和應對它，就能管理好自己的情緒。

二、不要和情緒講道理

我們將出生不久的寶寶比作是情緒，寶寶是根據自己的身體和心裏的感受去表達情緒的，他無論如何都是聽不懂我們的道理的。而情緒也像嬰兒一樣，心理學家做過這方面的研究，人類的大腦分為理智腦和情緒腦，這兩個大腦的運轉速度是不一樣的，情緒腦運轉速度是理智腦的五十倍。所以人們在很多時候，試圖用自己的理智去控制當時情境中激動的情緒，結果往往是失敗的。

三、面對情緒時的處理方法

面對情緒，我們應該表達出來，或者讓對方表達出來。如果我們的情緒被人壓抑了，我們的委屈、憤怒和恐懼等負面的情緒，都沒有釋放開來。對方只是試圖告訴我們一些道理，就有點類似於沒有做到動之以情，就想用曉之以理的方法去解決問題，用理智去解決情緒的問題，是很難得到滿意的結果的。

那麼，我們如何科學地對待自己的情緒呢？其實可以根據同樣的道理，採取類似的方法。其實很多情況下，我們不允許自己將情緒表達出來。家裏親人去世，或者發生一些重大的事故，我們一邊捂住嘴巴不讓自己哭泣，一邊又在不停地流淚。這說明雖然我們的情緒已經非常強烈了，也根本沒有辦法不讓它表達出來，但是由於不確定別人能不能接受，所以我們就不讓情緒顯露出來。手捂嘴，就是不讓自己的情緒表現出來；不停地抽泣，就是情緒已經壓抑不住，這是身體表現上的矛盾現象。

當我們不接受自己的情緒表達時，情緒將會被壓抑在身體裏。當壓抑在身體裏的情緒沒有被化解時，我們就會出現「疾病的一半是心理疾病」這種情況。高血壓、冠心病、心絞痛、急性胃炎、偏頭痛等身心疾病，多是身體裏壓抑着沒被表達出來的情緒，從而出現身心障礙。

四、積極地撤銷消極情緒

我們不得已劃分了積極情緒和消極情緒。消極情緒多的時候，就是「陰盛」的狀態；積極情緒少的時候，就是「陽衰」的狀態。現在很多人消極情緒比較多，而積極情緒比較少。本來情緒沒有好壞，保持平衡就可以，但如果消極情緒過多，我們就需要提升和增強積極情緒。我們會對外部的事物有好奇心和熱情，這種熱情就是積極情緒，它會和愛、真誠、溫暖、喜悅、歡樂、興奮等結合起來，打成一片。

所以，我們在管理情緒的時候不要總是盯着負面情緒，要去做一些提升積極情緒的事情。很多積極情緒都是通過積極行為來實現的。

五、合理的認知

一個人對事物的看法決定了他的心理狀態。如果你認為你被別人騙了，就會覺得自己吃虧了，其實你可能並沒有吃虧，但還是沒有好的情緒。事實上沒有吃虧，但是你認為自己吃虧了，這就是認知偏差的問題。有些人長時間都沒有積極的情緒，比如，出現偏執型人格特質、鑽牛角尖的思維方式的人，會出現認知上的不合理。

那麼怎樣提升合理的認知呢？如果你對一些事物的判斷和事實有出入，你覺得是有人不喜歡你，對你不好。那麼，你要多問幾個人，聽聽他們的看法，他們從不同的角度來解答這個問題，將他們的答案綜合起來，這就變得相對客觀一些了。你所看到的事物客觀了，對所遇到的事件就會有合理的認識，就不會再產生不合實際的想法和負面情緒。

六、積極鍛煉身體

人的身心是統一的，如果我們的身體不健康，那麼心理也會壓抑。所以要經常通過體育鍛煉，去釋放自己身體中不良的或多餘的能量，在身體得到放鬆的過程中，心理上的不良情緒也會得到排解。我們可以經常參與體育鍛煉，也可以做一些其他的嘗試，這些嘗試都是一種積極的變換。

如果一個人做到了以上六點，他的情緒管理一定是非常棒的。每個人都可以做情緒的主人，成為一個通透的人。該發脾氣的時候還是要發脾氣的，但是發脾氣的原因和程度都要在一定的、適度的範圍內，而且發脾氣多半要對事不對人。所以，在適當的情況下，可以適當地將自己的情緒表達出來。

第七章

心理疾病

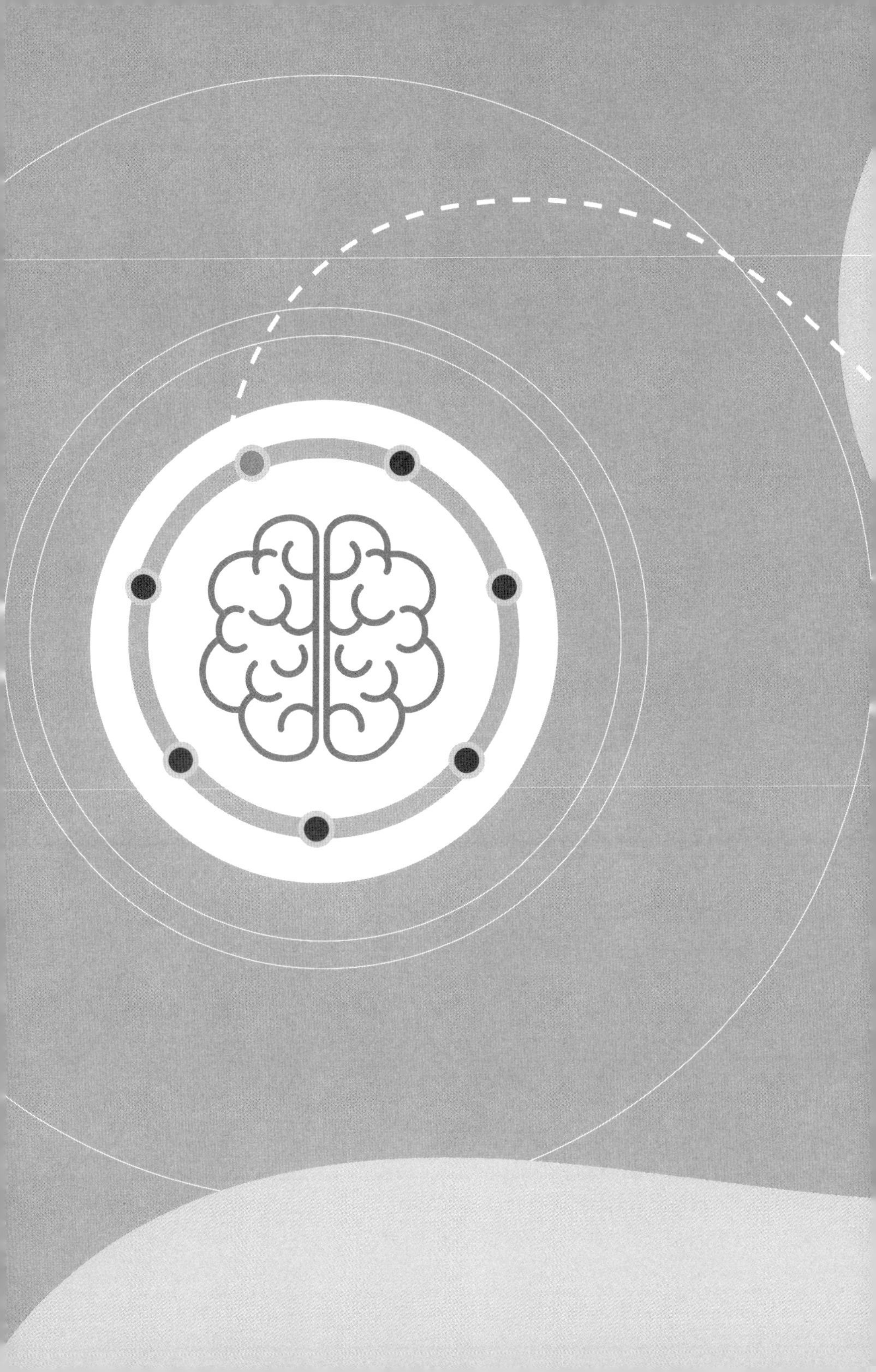

迷思48 心理疾病是「權宜之病」

過去我們經常聽到「權宜之計」這個詞，現在我們把「權宜之計」這個詞改了一個字叫「權宜之病」，那麼就來看看甚麼是「權宜之病」。

一、多了解行為背後的動機

我們要先了解一下動機。每一個人所做的任何一個行為都是由它的動機決定的。比如，我們吃到胃裏的食物消化完了，胃就會傳遞信號給大腦，告訴大腦饑餓的訊息，以表明人體需要馬上補充能量，這就是內部的動機。動機是由一種目標或者是對象所引導、激發和維持個體行動的內在心理過程和內驅力。這是理論層面上對動機的解釋，看起來很複雜，簡單來說，動機就是你想要做一件事情背後的原因，為了達到這個目的，你才會去有意識地做某件事。

學心理學和沒學心理學的人區別在於學心理學的人是從動機、行為和需要三者之間互動的一種視角去看待一個人的，從動機的角度去看他的行為；沒學過心理學的人，一般是從道德層面去評判這個人——他是個壞人嗎？他是個好人嗎？

比如，某人看到一個人偷別人的東西了，如果學了心理學，他就會琢磨那個偷別人東西的人是出於甚麼動機呢？他不缺錢，他為甚麼要偷人家的東西呢？沒學心理學的人就會說，他不缺錢還偷別人的東西，這個人天生就是個壞蛋，這個評價和結論就歸為此人道德的問題，那就會很麻煩，因為這種評價根本就不是客觀評價。

學了心理學，我們可能還會進一步思考：他為甚麼要偷人家的東西？偷別人的東西讓別人抓住了，還挨一頓打，這不是自討苦吃嗎？難道他偷別人的東西是為了引起別人的注意？可能在現實中沒有人與他溝通，沒有人傾聽他的訴說吧。如果他是個小學生，那可能是他父母不理他，也不關心他，他只好做一些出格的行為引起他們的關心，於是即使是不好的做法他都選擇去做。所以不難看出他偷東西的行為背後的動機就是對父母的情感鏈接的需要。有人會說，那他可以直接向父母表達呀，或許是因為以前他表達過但是沒有用。

深入思考之後就會發現，我們不能只從道德的角度去看待一個人或一件事。任何行為的背後都是有動機的，如果用動機和行為的關係去看待，我們就能更加地了解現狀，更好地解決問題。從追根溯源的角度去思考這個問題，我們怎樣才能改變一個人不良的行為呢？如果我們不想讓他去偷東西，我們就要在他需求的最源頭的那個部分滿足他。

人有生理性的、社會性的和心理性的需求。人不僅要填飽肚子，需要有社會交往，還需要被人尊重，需要有價值，除此之外，人還需要安全感等等。當這些需要中有一個不被滿足時，人們就會處於失衡的狀態。孩子是這樣，身體是這樣，關係也是這樣，所有的一切都是需求得不到滿足，就會去平衡，於是就有動機，動機愈強烈，行為就愈激烈。於是出現了好的行為和不好的行為，不好的行為就是病態的行為，病態的行為就是「症」。所以我們才會說，所有的心理疾病都是「權宜之病」，不得已而做出來的一種行為，這種行為是為了滿足動機的需要。

二、尋找自我的價值感滿足心靈

這樣來看，抑鬱症、焦慮症和其他心理疾病都是「權宜之病」，身體的、生理的都是一樣的。可以說，「權宜之病」是人類進化而來的一套系統，我們可以將這套系統應用到管理中去。從這個角度來看，所有的心理疾病都是因為沒有得到正確的滿足，得抑鬱症的人也是暫時的「權宜之病」，因為他們需要愛，需要價值的體現，需要陽光和希望，但是現在還沒有辦法去實現這一切，但是他們又想實現，怎麼辦呢？有的人就會想到先以一種病態的方式去實現，所以就會表現出這些心理病態的症狀。我們一定要用正常的狀態換掉他們的病態，讓他們一起去幹事情，而在幹事情的過程中，他們就會找到自我的價值感，也會找到實現目標的路徑，那他們的病就好了。

要用積極心理行為去解決一些心理疾病，而少去分析、批評和強化，也不要用另一種病態的方式去代替現在的病態方式。比如，有的人自己賺不到錢，他就去偷，偷就是「病」。我們可以教給他一種更好的方法去賺錢，還可以被他人認可，他就不會去偷了。這樣就把心理疾病治好了。從這個理論上來講，一切的心理疾病都是可以治好的。

運用這樣一種思路和方法，解決心理疾病就不那麼難了。心裏有事情不表達就容易得病，所以我們要善於表達，做一個會思考，懂得分享的人。

迷思49 為甚麼很多年輕人會患抑鬱症

為甚麼現在很多年輕人會患抑鬱症，甚至有自殺傾向呢？我們該如何解救他們？這是一個很大的話題，寫一本書或者幾本書也不能完全說明。因為，這個問題含有生物學、醫學、社會學和心理學等各個領域的知識和理論，我們可以去談很多深入的問題。現在，我們從不同角度來談一談。

我想抑鬱症患者的一個社會屬性的病理特點，就是他在社會生活中表現出無能為力卻又不肯就範的一種狀態。在面對現實生活和自己的明天時，他其實有一種不能掌控自己生活的無力感。

一、抑鬱症形成的階段

抑鬱症不是感冒，它有一個長時間的醞釀過程，這個過程可以分為以下幾個階段：第一個階段是無力感；第二個階段是一種倦怠的狀態；第三個階段是習得性無助；第四個階段是抑鬱；第五個階段是抑鬱症。

1 無力感

抑鬱症首先是由當下的境遇產生的一種無力感而引起的。我們身邊會有這樣的朋友，甚至是我們自己，有時候會莫名地嘆氣和發呆，眼睛看着一個地方，別人跟他打招呼他都沒有感覺，說明他剛才魂不守舍了。經常性的「魂不守舍」其實就是人們長期處在一種無力感影響下的精神狀態。這種狀態如果保持下去，就會進入第二階段的倦怠狀態。

2 倦怠感

倦怠用一句話來說就是「哀莫大於心死」。「倦怠」就是冷眼看看外面的世界和人流，他會變得冷漠。「冷漠」就是我改變不了，我就不改變，淡定地看着周圍一些事情的發生，與自己無關的就不要投入過多的感情和精力。

很多人長期處在無力感這種心理情境狀態下，就會變倦怠。到倦怠的階段就是他不再試圖改變了，他接受了，這種接受是被動的。如果一個人長期處在倦怠的狀態，而且這種倦怠感越來越強，壓力越來越大，自己也不能改變，時間長了以後他就會產生習得性無助。這就進入了第三個發展階段。

3

習得性無助

「習得性無助」是心理學中的概念，是指因為重複的失敗或懲罰而造成的聽任擺佈的行為，即通過學習形成的一種對現實的無望和無可奈何的行為和心理狀態。具體而言，就是他產生了一種認知，從那種消極情緒的心情狀態轉變成為一種認知的邏輯模式：無論我怎麼努力，我都不能改變眼前的現實。

一個人如果習得性無助保持一段時間，他的整個心境一直是負面的，且不光情緒上是消極的，狀態上也是消極的，就連認知上也都是消極的。這種狀態保持一段時間，就演變成為一種長期的心境，就是抑鬱了。抑鬱再升級就發展為抑鬱症了。

4

抑鬱和抑鬱症

那麼，從「無力感」到「抑鬱症」有多遠？有可能需要幾年甚至十幾年的潛伏和發展，也有可能就在彈指一揮間。這之間的距離，可能是從兒童時期到少年時期的路程，也可能是從我到你的距離，還可能是從心到腦的距離、從腦到腳的距離。這些都可能是從無力感到抑鬱症的距離。

當下為何很多年輕人時常抑鬱？因為他們沒有積極情緒，積極情緒是可以讓他們面對當下的生活，追求自己的理想，擺脫自己的困境，走出自己的心理陰霾。解決自己的心理現實問題的一種推動力，就是滿意、自豪、開朗、好奇心、驕傲、興趣、愛……他們沒有或者缺乏這些情緒。

有一種教育理念叫「位育之道」，這是潘光旦先生提出的。位育就是恪守其分，適應促進，即在適宜的位置上，求得最佳的發展，這也是位育的特點。但是現在很多家庭和學校在「位育」上是缺失的，也就是說，他們對年輕人的教育是一個不全面的教育，導致教育出來的人也不是全面發展的人。這些人是可以追求功利的，但是其中有些人卻沒有自我內部產生的持續能量和動力。所以我們的教育要全方位，包括發展的教育、職業規劃的教育、個人認知的教育、情緒情感的教育、解決問題的教育、道德質素的教育、心理健康的教育，綜合起來就是位育。

為甚麼年輕人沒有積極情緒呢？除了我們的教育還沒有完全做到以培養完整的人為目的，還有年輕人沒有享受到應該享受的快樂和幸福。應該享受的快樂，除了本能需求被滿足後所獲得的快樂，人還應該享受到人類日常活動中的一些樂趣，比如參與到一個具體的事物當中去體驗所帶來的快樂。但是這種能體驗到快樂的活動，有的人沒有辦法參與進去，因為他們沒有動力，也從來沒有享受過在活動中進行探索和學習的快樂，他們沒有介入這個過程中，所以就不會在實踐中感受到價值感，也就不會體驗到學習的快樂、參與的快樂、價值的快樂以及意義的快樂，這些似乎和他們都沒有關係，他們從來沒有或者很少嘗到這些甜頭。

二、鼓勵年輕人多做親社會行為

作為老師、家長和生活在年輕人身邊的人，首先就要多做親社會行為，我給你一個微笑，你給他一個善意的表達；我給你一個讚許，你給他一個鼓勵，他又給後來遇到的人一個熱情的擁抱，這都是親社會行為。

親社會行為愈多，社會中人與人之間的信任水平就愈高，公平感和安全感就愈高，於是社會溫度就會上升。社會溫度上升了，這些年輕人的內心就會逐漸溫暖起來，他們心中原有的良知良能就會被喚醒，心裏加油站的油泵就會被打開，他們憑自己的能力就能供油了。

迷思50 抑鬱症到底讓人有多痛苦

抑鬱症病人或者患者到底有多痛苦呢？或者抑鬱症會使人多麼痛苦呢？

首先，我們應該明白，只有當事人自己知道自己有多麼痛苦。我們無論怎麼去設身處地為他着想，無論我們怎麼去共情，都不能真正地體會到抑鬱症病人內心的痛苦。外部的人所體驗到的心情和處境，都是一種假設。

介於這樣的一種現象，我們唯一能做的就是：第一，盡量通過科學的心理學知識，以最高級別的、設身處地的方式，去了解他們的症狀，以及症狀背後的動機和意義。

第二，我們不知道他們具體有多麼痛苦，但是我們知道他們是非常痛苦的。我們去接受他們所表現的思維、語言和生活中的行為，並給予他們更多的寬容和接納。同時我們也要去學習這方面的科學知識，然後從專業上、科學上和真正的原理層面上去了解和理解他們。

抑鬱症的病人常常處於那種踩到浮草的狀態，他們一點一點地往沼澤中下陷。用一個詞語來形容就是「無能為力」或「無法自拔」。他們可能眼睜睜地看着他自己陷下去，可能會對這種遭遇無能為力，也無法把自己救上來。那些得了抑鬱症的人是非常痛苦的。這種痛苦，是一種揮之不去的濕漉漉的、壓抑的、悲傷的和悲觀的狀態。它的痛苦就類似於「鈍刀割肉」，被割肉的人不會死，但是會有綿長的痛，痛到最後可能都麻木了。真正的撕心裂肺的痛不是最可怕的，最可怕的是對痛感的麻木和冷漠。他們想要改變這種現狀，卻又改變不了，這是抑鬱症最痛苦的地方。

抑鬱症每個階段都會有哪些痛苦呢？下面我們就具體地從抑鬱症發展的幾個階段，去探討一下抑鬱症每個階段的痛苦程度和特點，以便我們更加了解抑鬱症患者的心理歷程和痛苦水平。

一、第一階段的痛苦：無力感

可以說在現實生活中，每個人都會在某一時刻多多少少感受到無力感。當你遇到了障礙和困難，卻又找不到好的解決辦法，且不能夠逃避時，那就要繼續地向前走，繼續去面對這些糟糕的境遇。可是，你面對不了，卻又不得不面對，這時候就會產生無力感。

在無力感這個階段也有幾種不同的反應。我們每個人因為過去受到的教育不一樣，人格特質不一樣，氣質類型不一樣，所以做出來的選擇行為方式也不一樣。比如，性格懦弱的人就會選擇逃避；性格比較倔強的人，會正面對抗，跟現實當中的困難和障礙鬥爭到底；還有一類人是圓滑的，他們會選擇避開，然後在心裏很壓抑，就是表面一團和氣背地裏咒罵的狀態。

還有一種昇華的方式，就是在面對困境時，我們用幽默的方式，微笑着和自己的命運和解。當然還有更高級的方式，就是一直不放棄，一直去尋找方法，最後就突破了這些困境。而那些一次一次突破困境的人就是成功人士，他們不只是在事業上的成功，其心理資本也變強大了。

二、第二階段的痛苦：產生倦怠感

倦怠包含了人的一種心境，和它貼近的一個詞就是懈怠。人們對現狀不反應了或者反應不快速，因為他們已經有點覺得沒有價值感了。倦怠是對前進的一種放棄狀態，但是這種放棄並不是完全放棄，只是沒有剛開始的時候那麼積極了，這就是消極的表現。

倦怠的人也有痛苦。他在內心深處其實也不太認同自己這種懶洋洋的狀態，而且倦怠的人並不麻木，如果被批評了，他會表現出生氣，甚至會在語言上回敬上司，他還沒有麻木，這種倦怠也只是他面對不能應付的事情時的一種策略，時間長了，這就會成為一種習慣。在這個倦怠的過程中，最痛苦就是我感受不到痛苦了，如果不抱希望徹底絕望了，就是自己真正地悲觀了，這時就進入了第三個階段。

三、第三階段的痛苦：習得性無助

當我們倦怠久了，那種長期以來形成的無能為力的感覺就會湧上心頭，就會產生習得性無助。那種「無論我怎麼做，我都不可能改變這種遭遇；無論我怎麼努力，都不可能改變現實！」的想法，就是典型的習得性無助的觀念，並且將這種觀念深深地植入自己的思想和人格中了。習得性無助的人如果保持這種狀態繼續進行下去就會進入接下來的一種抑鬱的狀態。

四、第四階段的痛苦：長期處在抑鬱中

抑鬱狀態伴隨着一些沮喪和悲涼的負面情緒，進而就慢慢地喪失一些以前積極堅持的東西，比如，對美好生活的嚮往、對自我實現的追求、對理想的執著與努力等，這些

正面的東西可能就會被逐漸遺忘。如果這種抑鬱狀態維持一個月以上，就極有可能會轉變成為抑鬱症。本來處於抑鬱狀態的人是可以通過自己身體的機能、心理以及對外部的變化的回應而慢慢地恢復過來的，但是如果沒有恢復回來，就會發展成抑鬱症。

五、第五階段的痛苦：抑鬱症

這是需要治療的，而且需要專業人員在心理、生理和社會三個維度上對其進行治療。如果身邊有抑鬱症的人，應該建議他不要拖着，不要放任，要去看病和吃藥，因為他隨時會有自殺的危險。患抑鬱症的人，他上午跟下午的心境可能都會不一樣，不要拿生命開玩笑，需要盡快帶他去看心理醫生，先吃藥穩定情緒，因為他已經發生了精神和生物性的病變，不是三言兩語就能解決問題的。

醫生會通過臨床的訪談、詢問觀察和心理測量等科學的方式做出專業的診斷，該住院就要住院，該吃藥就要吃藥。我們閱讀相關書籍只能是學習和自我康復，屬社會心理的這個方面的幫助，而真正的身體和病理上的問題是需要通過專業的相關機構解決。

迷思51 人為甚麼會患上精神病

甚麼原因可以導致一個人患上精神病？這種問題回答起來並不難。因為現在知識的傳播都比較便捷和快速，我們經常能在教科書、互聯網以及各種知識問答平台上輕鬆地查到這方面的知識。下面我來做個回答，希望在專業、科學的基礎上，同時從人文的角度分析這個問題，從而引發大家更多的思考。

一、遺傳基因

目前，精神病學的研究、臨床的數據都證明了這一點：有精神病家族史的人更容易患上精神病。所以我們常說，不要與基因為敵，這裏蘊含的就是「人們可能會遺傳到長輩們的一些致病基因」的意思。在我們今天的社會、文化、教育發展過程中，如果一些行為和處境激活了人們基因中潛在的心理致病因子，那麼表現出來的患病症狀的人就會相應增加。

也就是說，即使一個人有精神病的遺傳基因，有患病的先天條件，但如果後天的外部環境不去激活，他也不會輕易地患上精神類或者神經類的疾病。在人類的日常文化活動中，如果沒有更多的不良的行為去激活，而是順應人類的進化和本能，不與基因為敵，那麼，基因中的精神病和神經病的因子就不會活躍，心理疾病就不會產生了。

二、文化因素

一些不健康的文化、習俗或者風俗，可能會導致精神病的發病率增加。這種惡習和風氣，會殘害受害者的人性、心理，會讓他們的自我被壓抑和被扭曲，最後無路可走，就患上了精神疾病。

有社會學、社會文化的研究表明，不同的地區，精神病人的數量是有一定差異的，這背後的原因與不同地區的不同的文化、習俗和風氣的健康程度有很大關係。一個人在溫暖、寬容的環境裏，就會感覺舒服；相對來說，在壓抑、暴躁、欺凌的環境中，就更容易產生心理問題，並最終導致精神病的產生。這是文化環境導致的精神病，人在這樣的環境中，很多時候是無能為力的。

三、教養方式和親密關係

父母對孩子的教養方式，可能會直接導致孩子出現心理或精神問題。精神病醫院裏患有精神病、強迫症、抑鬱症或人格障礙的青少年，他們的發病與其在童年早期在原生家庭中所經歷的教養方式、親密關係及與重要他人的互動方式密切相關。

在家庭教養過程中，父母的人格健全的程度會對孩子有很大影響。父母人格不健全的，比如，父母中有人具有攻擊性或者控制性人格的，他們的小孩就容易出現精神障礙；在教養過程中父母之間以及其他監護人之間的關係的和諧程度，也會對孩子精神疾病帶來影響，關係愈和諧，孩子的心理健康水平就愈高，反之，關係愈有衝突和矛盾，就愈會導致孩子心理問題的產生。在精神分裂症的患者中，有一部分就是父母關係不好造成的。這就是教養方式、父母關係或其他重要他人的關係對孩子患有精神病或精神障礙的影響。

四、突發性的緊迫事件

人們是否會患上精神類的疾病，還與其是否遇到一些突發性的緊迫事件有一定的關係。比如，一些急性的精神障礙如果沒有得到及時的、正規的治療，就會轉變成慢性的精神疾病。一個人最初僅具有急性的、臨時性的緊迫反應，發生的那些外部的不良事件，生活中的重大變故，比如，最愛的人出事故去世或者重傷住院了，這可能會讓他崩潰。如果當時當場的心理危機干預做得到位，其身邊的社會支持系統健全，那麼這個刺激過後，他仍能恢復過來，而不會轉為慢性、長期的精神疾病。反之，如果沒有良好的社會支持系統，身邊的人又胡亂干預，且對他的處境不體諒甚至加以指責，當事人也沒有在事後接受專業人員的心理輔導，他就可能會變成慢性的精神病。

從以上導致精神病患者增加的這四個因素來看，我們都可以通過人為的干預，來防止精神病人數量增加。

比如，第一類遺傳因素，即使有患病的基因條件，但如果減少外部的誘發因素，那麼他的遺傳基因即使存在，也不至於就成為精神病患者。

對於第二類文化因素，我們要樹立健康的、先進的和科學的文化，對部分地區那些不良的社會風氣和習俗要進行強制性改變，對相應地區的持有這些不良習俗觀念的居民要進行大量的科學價值觀的科普，讓他們意識到一些老舊思想的危害性，營造良好的社會文化氛圍會使精神病患者減少。

第三類因素，要對父母進行人格教育，幫助更多的夫妻經營好自己的婚姻，使家庭的幸福度增高，讓家庭環境變好，那麼孩子們在原生家庭的成長過程中，其家庭關係就會更加和諧，所受的家庭親子教育就會更健康和積極，也會更有愛，長此以往的努力，就能讓患心理疾病或精神疾病的青少年人數大大減少。

第四類因素，人們在遭受一些大的災難之後的心理創傷也是需要社會心理服務的。例如，經歷大地震、海嘯、煤礦垮塌以及交通事故等緊迫事件後的人，如果在第一時間能對他們進行科學的、專業的、有效的危機干預，有很多人就不至於最後發展成為精神病人。即使他們在緊迫之初是有致病傾向的，但可能在外部的社會支持系統的幫助下逐漸地恢復過來。

極簡・日常心理學

秒速認清51個生活迷思

著者
韋志中、余曉潔

責任編輯
周宛媚

裝幀設計
羅美齡

排版
楊詠雯

出版者
萬里機構出版有限公司
香港北角英皇道499號北角工業大廈20樓
電話：2564 7511　傳真：2565 5539
電郵：info@wanlibk.com
網址：http://www.wanlibk.com
http://www.facebook.com/wanlibk

發行者
香港聯合書刊物流有限公司
香港荃灣德士古道 220-248 號
荃灣工業中心 16 樓
電話：2150 2100　傳真：2407 3062
電郵：info@suplogistics.com.hk

承印者
中華商務彩色印刷有限公司
香港新界大埔汀麗路 36 號

出版日期
二零二一年二月第一次印刷

規格
32 開（213 mm × 150 mm）

ISBN 978-962-14-7323-3